초등학생을 위한
빅 히스토리

초등학생을 위한
Big History for Kids
빅 히스토리
한 권으로 읽는 138억 년의 역사

김서형 지음 | 오승만 그림

해나무

머리말

프랑스의 오르세 미술관은 인상주의 화가들의 그림을 많이 전시하고 있습니다. 인상주의 화가들은 빛의 변화에 따라 다르게 보이는 세상을 그림으로 표현했지요. 오르세 미술관은 대표적인 인상주의 화가 반 고흐의 〈론 강의 별이 빛나는 밤에〉라는 작품도 전시하고 있습니다. 프랑스 남동부를 지나 지중해로 흘러 들어가는 론 강의 아름

반 고흐, 〈론강의 별이 빛나는 밤에〉 (1888년).

다운 풍경에 흠뻑 빠진 고흐는 푸른색과 노란색을 사용해 매우 멋지게 론 강의 밤 풍경을 그려 냈습니다.

이 그림에는 밤하늘에 반짝이는 별, 마을의 불빛, 잔잔한 강, 연인처럼 보이는 사람이 등장합니다. 고흐의 그림에는 하늘과 강, 그리고 마을이라는 세 가지 공간이 존재합니다. 얼핏 보면 전혀 다른 것처럼 느껴지는 이 세 공간은 공통점을 지니고 있습니다. 이들 세 공간은 모두 세상의 요람이거든요. 하늘에서는 별이 탄생했고, 강에서는 생명이 탄생했으며, 마을에서는 인간의 문화와 역사가 탄생했습니다. 이러한 점에서 보면, 고흐의 그림은 세상 모든 것의 탄생과 기원을 보여 주는 그림입니다.

오래전부터 세계의 여러 지역들에서는 서로 다른 방식으로 우주, 생명, 인간의 탄생을 설명해 왔습니다. 인도의 가장 오래된 경전 〈리그베다〉는 태초에 끝없이 넓은 물이 있었고, 그 속에서 황금 태아가 태어나 창조신이 되었다는 전설을 기록하고 있습니다. 우리나라에서는 하늘이 위로 올라가고 땅이 아래로 내려와 평평해지면서 최초의 인간이 태어났고, 이후 동물과 식물이 생겼다는 신화가 전해져 내려옵니다. 하지만 오늘날 이와 같은 이야기를 그대로 믿는 사람들은 더 이상 없지요. 현대인은 믿을 만한 과학적 증거들을 바탕으로 138억 년 전에 우주가 탄생했다는 사실을 잘 알고 있기 때문입니다.

지금까지 역사학자들은 인간만이 역사를 가지고 있다고 생각했습니다. 빅 히스토리Big History는 이와 같은 생각에서 벗어나 인간과 생명, 그리고 우주의 역사를 통합적으로 살펴보고자 하는 새로운 시각입니다. 빅 히스토리는 전 세계적으로 전해 내려오는 전설이나 신화와는 사뭇 다릅니다. 그 무엇보다도 가장 믿을 만한 과학적 증거들을 바탕으로 하고 있기 때문입니다. 빅 히스토리는 과학적 증거들을 가지고 우주, 생명, 인간의 역사를 살펴보고, 그 속에서 나타났던 수많은 변화들과 그것들이 지니는 의미를 살펴보려고 합니다.

이러한 점에서 빅 히스토리는 인간과 주변 세상을 함께 보여 주는 퍼즐 판입니다. 138억 년+α라는 시간과 우주라는 공간을 다루고 있기 때문에 세상에서 가장 큰 퍼즐 판이지요. 이같이 거대한 퍼즐 판을 완성하기 위해서는 먼저 전체적인 그림을 상상해야 합니다. 전체적인 모습을 그려 본 다음 작은 퍼즐 조각들을 맞춰 나가면, 우리는 인간과 생명, 그리고 우주를 서로 연결할 수 있습니다.

138억 년 전에 우주가 시작된 이후 오늘날까지 우주, 지구, 인간 사회에서 나타났던 수많은 변화들을 큰 틀에서 이해하는 것은 무엇보다도 우리의 미래를 위해 매우 중요합니다.

오늘날의 사회에는 심각한 문제들이 존재합니다. 지구 온난화, 환경 파괴, 에너지 부족 등이 바로 그와 같은 문제들입니다. 우리는 이 문제들을 어떻게 해결할 수 있을까요? 지구에 살고 있는 약 75억 명의 사람들이 하나의 종으로 공존하기 위해서는, 또 지구의 수많은 종들과 공존하기 위해서는, 더 나아가 우주의 다른 은하와 공존하기 위해서는, 그 무엇보다 지난 과거를 올바로 이해해야 하고, 모두를 위한 미래를 계획해야 할 것입니다. 저는 빅 히스토리가 이러한 문제를 해결하는 데 강력한 무기가 될 뿐 아니라 매우 단단한 디딤돌이 될 것이라 확신합니다.

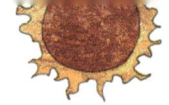

차례

머리말 4

1 빅 히스토리란 무엇인가? 10
우주는 과연 어떻게 생겨났을까?
🪐 한번 직접 해 봐요 : 창조 신화 체험 활동 30

2 우주의 시작, 빅뱅 34
빅뱅 이후 무엇이 나타났을까?

3 별의 탄생과 우리 은하 56
별은 어떻게 생겨났을까?

4 원소의 탄생과 다양성 78
원소는 어떻게 만들어졌을까?

5 태양계와 지구의 탄생 96
우리 태양계는 어떻게 만들어졌을까?
🪐 한번 직접 해 봐요 : 태양계의 행성 체험 활동 122

6 생명체의 탄생과 생명의 나무 124
생명은 어떻게 생겨났을까?
🪐 한번 직접 해 봐요 : 적자생존 체험 활동 149

7 **인류의 등장과 진화, 그리고 우리들** 150
   인류는 어떻게 나타났을까?

8 **수렵 채집과 집단 학습** 170
   인간은 다른 동물과 무엇이 달랐을까?

9 **농경의 출현과 도시 및 국가의 탄생** 186
   농경은 우리 삶을 어떻게 바꾸었을까?

10 **세계의 연결과 글로벌 네트워크** 208
   이 세상은 어떻게 연결되기 시작했을까?

11 **산업화와 인류세** 226
   현대 사회는 어떻게 출현했을까?
   🪐 한번 직접 해 봐요 : 인류세 터널북 체험 활동 246

12 **인간의 미래, 우주의 미래** 250
   가까운 미래와 먼 미래에는 과연 어떤 일이 일어날까?

1
빅 히스토리란 무엇인가?

우주는 과연 어떻게 생겨났을까?

세상 모든 것의 시작

반 고흐, 〈별이 빛나는 밤〉(1889).

혹시 여러분은 이 그림을 본 적이 있나요? 네덜란드의 화가 반 고흐의 그림 〈별이 빛나는 밤〉입니다. 이 그림에서는 반짝이는 별들이 밤하늘의 대부분을 차지하고 있습니다. 별뿐만 아니라 그믐달과 금성, 그리고 자유롭게 움직이는 구름도 등장하지요. 고흐에게 밤하늘은 어둡고 조용한 곳이 아니라 별과 행성*, 그리고 달이 찬란하게 빛나고 있는 곳이었습니다.

고흐의 그림에서 우리는 고요한 분위기의 마을도 볼 수 있습니다. 뾰족한 탑이 솟은 교회를 중심으로 여러 집들이 모여 있습니다. 하늘 높이 솟은 나무도 볼 수 있는데, 이 나무는 바로 사이프러스 나무입니다. 당시 유럽에서 사이프러스 나무는 죽음을 상징했기 때문에 묘지에 주로 심었습니다. 그런데 이 그림에서 사이프러스 나무는 죽음을 상징하는 것처럼 보이지 않습니다. 오히려 인간의 세상과 별이 빛나는 하늘을 연결시켜 주고 있는 것 같습니다.

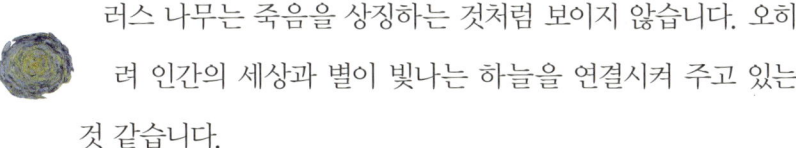

고흐의 〈별이 빛나는 밤〉에는 달, 별, 금성, 사이프러스 나무, 그리고 인간의 마을이 등장합니다. 그래서 우리는 이 그림을 보면서 다음과 같은 궁금증을 품게 됩니다. 고흐가 즐겨 그렸던 별은 언제, 그리고 어떻게 나타난 것일까요? 죽음을 상징하는 사이프러스 나무는 언제 등장했을까요? 인간은 언제부터 마을에 함께 모여 살기 시작했을까요? 이와 같이 우리는 세상과 우주의 탄생에 대해 질문하기 시작합니다. 세상 모든 것의 시작에 관심을 가지게 되는 것이죠.

세상의 기원 이야기와 빅 히스토리

사실, 세상이 어떻게 시작되었는지 설명하는 이야기는 아주 오래전부터 있었습니다. 세상의 시작을 설명하는 이야기를 '기원 이야기'라고 합니다.

그리고 이 세상에는 매우 다양한 기원 이야기들이 존재합니다. 우리나라의 전래동화인 '해와 달이 된 오누이' 이야기에서는 해와 달이 어떻게 탄생했는지 설명하고 있습니다. 알에서 깨어나 모든 것이 마구 뒤섞여 있는 가운데 하늘과 땅을 만들었다는 중국의 '반고 신화'도 있지요. 비록 시간이나 장소에 따라 이야기의 내용은 조금씩 다르지만, 이와 같은 이야기들은 한 가지 공통점을 가지고 있습니다. 바로 인간을 비롯해 세상 모든 것의 시작에 대해 설명하고 있다는 점입니다.

전래동화나 신화와 마찬가지로 '빅 히스토리' 역시 세상 모든 것의 시작을 설명하는 기원 이야기입니다. 인간과 생명, 그리고 우주가 어떻게 등장했는지 살펴보는 이야기이지요. 그러나 빅 히스토리는 가장 믿을 만한 과학적인 지식과 증거를 바탕으로 세상의 기원을 설명하고 있다는 점에서 우리가 알고 있는 기원 이야기들과 다릅니다.

'해와 달이 된 오누이' 이야기를 들려줄 때 할머니와 할아버지는 '아주 오래전 옛날에' 세상이 시작되었다고 얘기합니다. 빅 히스토리가 우리에게 들려주는 우주의 기원 이야기는 약 138억 년 전에 나타났던 빅뱅big bang 이야기입니다. 최근에 발견된 과학적 증거들 덕분에 우리는 이와 같은 사실을 알 수 있습니다.

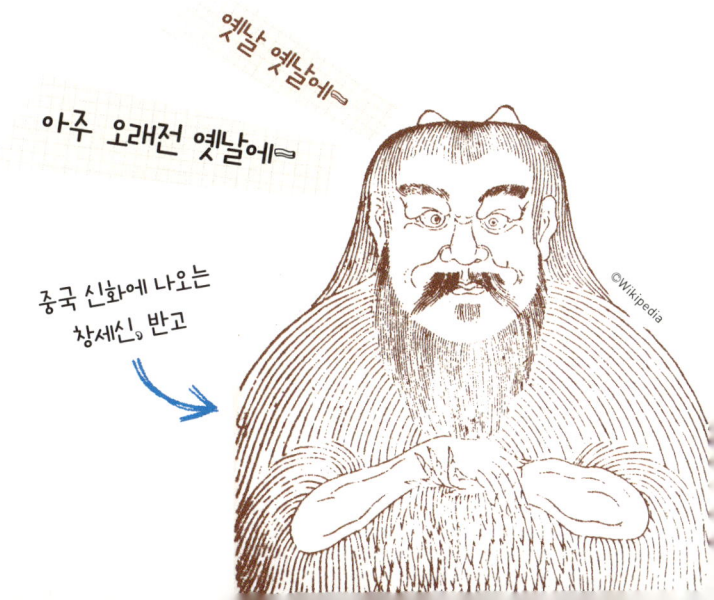

옛날 옛날에~
아주 오래전 옛날에~
중국 신화에 나오는 창세신, 반고

빅 히스토리, 가장 큰 퍼즐 판

20세기 이후 과학과 기술이 매우 빠르게 발전하면서 우리는 우주와 생명, 그리고 인간의 기원에 대해 좀 더 분명하게 알 수 있게 되었습니다. 그리고 셀 수 없이 많은 정보와 지식들도 나타났습니다. 과연 우리는 이 모든 지식들을 다 이해할 수 있을까요? 보다 나은 삶을 살기 위해 이 모든 정보들을 다 알아야 할까요? 반드시 그런 것은 아니에요. 하지만 우리는 자신에게 필요한 지식과 정보가 무엇인지 선택해야 합니다.

빅 히스토리는 지금까지 우리가 알고 있는 지식, 그리고 우리에게 필요한 지식을 보여 주는 퍼즐 판입니다.

빅 히스토리는 지금까지 우리가 알고 있는 지식, 그리고 우리에게 필요한 지식을 보여 주는 퍼즐 판입니다. 138억 년의 우주와 현재, 그리고 미래까지 설명하고 있으니 아마도 세상에서 가장 큰 퍼즐 판이겠지요.

학교 공부나 독서를 통해 이미 알게 된 수많은 지식들은 빅 히스토리 퍼즐 판을 맞추기 위해 필요한 퍼즐 조각들입니다. 퍼즐 조각들을 하나씩 맞춰 갈 때마다 우리는 조금씩 우주와 생명, 그리고 인간의 기원 이야기를 알게 됩니다. 그리고 퍼즐 판을 좀 더 많이 맞추기 위해 어떤 퍼즐 조각들이 필요한지 알게 되지요.

빅 히스토리 퍼즐판은 다양한 지식들을 서로 연결합니다. 수많은 퍼즐 조각들을 서로 연결할 때 비로소 큰 그림을 볼 수 있는 것처럼, 138억 년의 우주라는 시간과 공간 속에서 나타났던 수많은 지식들을 서로 연결할 때 우리는 과거와 현재, 그리고 미래를 더 잘 이해할 수 있습니다.

별을 즐겨 그렸던 화가인 고흐는 "인간은 별에 다다르기 위해 죽는다."라고 했습니다. 고흐의 그림 〈별이 빛나는 밤〉에서 인간과 자연, 그리고 우주는 서로 연결되어 있습니다. 과학적 증거들로 세상의 기원을 설명하는 빅 히스토리에서도 우주, 생명, 자연 그리고 인간

은 서로 연결되어 있지요.

　세상 모든 것의 기원을 이해하기 위해 빅 히스토리는 과학적 지식과 증거들뿐만 아니라 다양한 기원 이야기들까지 함께 살펴봅니다. 인간과 생명, 그리고 우주의 기원을 서로 다른 방법으로 설명하고, 이러한 설명들이 지니고 있는 공통점을 발견해서 서로 연결시키지요. 그 속에서 우리는 빅 히스토리 퍼즐 판을 완성시키려면 어떤 퍼즐 조각들이 필요한지, 그리고 퍼즐 조각들이 서로 맞춰지면 어떤 그림이 나타나는지 상상할 수 있습니다.

BIG HISTORY

- BIG BANG
- STARS LIGHT UP
- NEW CHEMICAL ELEMENTS
- EARTH & SOLAR SYSTEM
- LIFE ON EARTH
- THE APPEARANCE OF OUR SPECIES
- COLLECTIVE LEARNING
- AGRICULTURE
- GLOBAL NETWORK
- THE MODERN REVOLUTION
- FUTURE

빅 히스토리 프로젝트

　빅 히스토리는 가장 믿을 만한 과학적 증거들을 바탕으로 인간, 생명, 그리고 우주의 기원에 대한 이야기를 다룹니다. 물론 세상의 기원에 대한 여러 가지 이야기들도 함께 살펴봅니다. 그렇다면 세상 모든 것의 기원에 대한 수많은 이야기들을 좀 더 쉽게 이해할 수 있는 방법은 무엇일까요? 우리는 어떻게 우주, 생명, 그리고 인간에 대한 수많은 이야기를 빅 히스토리라는 하나의 퍼즐 판 위에서 맞출 수 있을까요?

　2011년 봄, 빅 히스토리를 널리 알리기 위한 움직임이 시작되었습니다. 마이크로소프트Microsoft 사의 전 회장 빌 게이츠Bill Gates가 후원하는 빅 히스토리 프로젝트*Big History Project가 바로 그것입니다. 미국과 호주에서 처음 시작된 이 프로젝트는 우리나라를 비롯해 다른 곳에서도 시행되고 있습니다. 빅 히스토리를 좀 더 쉽게 이해할 수 있도록 빅 히스토리 프로젝트에서는 다음과 같은 네 가지 개념들을 제시하고 있습니다.

하나. 구성 요소

요리사는 여러 가지 재료들을 사용해서 맛있는 음식을 만듭니다. 계란처럼 우리가 잘 알고 있는 재료를 사용하기도 하고, 어떤 경우에는 처음 보는 재료들을 사용하기도 합니다. 맛있는 음식을 만들기 위해 다양한 재료들을 사용하는 것과 마찬가지로, 138억 년의 우주와 관련된 퍼즐 조각들을 맞추는 빅 히스토리에도 다양한 재료들이 있습니다. 우리는 빅 히스토리의 재료들을 '구성 요소ingredient'라고 부릅니다. 우주, 생명, 그리고 인간을 구성하는 여러 가지 원소나, 물질, 에너지 등이 바로 구성 요소에 해당되지요.

둘. 골디락스 조건

먼저 『골디락스와 곰 세 마리』 이야기를 들려줄게요. 어느 날 금발의 소녀 골디락스가 숲 속에서 길을 잃었습니다. 배가 고프고 지친 상태에서 소녀는 어느 집에 도착했는데, 아무도 없는 집이었습니다. 식탁에는 너무 뜨거운 수프, 너무 차가운 수프, 적당한 온도의 수프가 놓여 있었습니다. 소녀는 적당한 온도의 수프를 마신 다음 침실로 갔습니다. 그곳에는 너무 큰 침대, 너무 작은 침대, 그리고 적당한 크기의 침대가 있었습니다. 배가 부른 소녀는 적당한 크기의 침대에서 잠을 잤습니다.

이 동화에서는 알맞은 온도의 수프와 알맞은 크기의 침대에 대해 이야기합니다. 배가 고프고 지친 소녀에게 무엇보다도 필요했던 것이지요. 이와 같이 '딱 알맞은' 상태를 빅 히스토리에서는 '골디락스 조건Goldilocks condition'이라고 부릅니다. 그리고 골디락스 조건을 통해 우주, 별, 지구, 생명, 그리고 인간이 어떻게 탄생했는지 설명합니다.

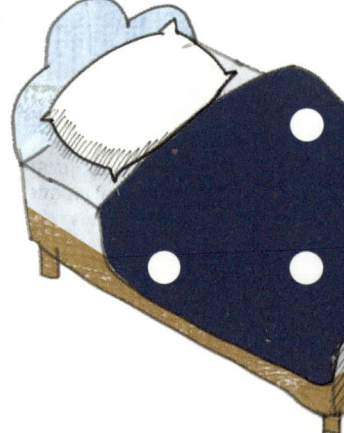

셋. 새로운 복잡성

여러 구성 요소들과 골디락스 조건이 만나면 이전에는 없었던 새로운 현상이 나타납니다. 빅 히스토리에서는 이를 '새로운 복잡성 new complexity'이라고 부릅니다. 요리사들은 곧잘 다양한 재료들로 여러 가지 조리법을 통해 재료가 가진 원래의 맛이나 모습과는 전혀 다른 음식을 만들곤 합니다. 새로운 복잡성이 나타난 것입니다. 금발의 소녀는 딱 알맞은 온도의 수프를 마시고, 딱 알맞은 크기의 침대에서 잠을 잤습니다. 그 결과, 배고픔과 피곤함을 해결할 수 있었지요. 이것이 바로 빅 히스토리에서 설명하는 새로운 복잡성입니다.

넷. 임계국면

　빅 히스토리에서는 '구성 요소'와 '골디락스 조건'이 만나면 '새로운 복잡성'이 탄생합니다. 그런데 138억 년의 우주 속에서 이러한 현상은 어느 한 시점이나 한 장소에서만 나타나지 않았습니다. 어떤 경우에는 수십 억 년에 걸쳐 나타나기도 하고, 또 다른 경우에는 수십 년이 지나면 사라지기도 합니다. 우주 전체에서 나타나기도 하고, 특정 지역에서만 나타나는 경우가 있습니다. 그래서 여러 가지 요소들과 딱 알맞은 조건이 합쳐져 이전에 없었던 새로운 복잡성이 나타나는 이와 같은 단계를 빅 히스토리에서는 '임계국면threshold'이라고 부릅니다. 이 단계를 거쳐야만 우주, 생명, 그리고 인간이 등장할 수 있었습니다.

구성 요소 + 골디락스 조건
= 새로운 복잡성

138억 년의 우주 속에서 얼마나 많은 임계국면들이 나타났을까요? 헤아릴 수조차 없는 수많은 사건들 속에서 과연 무엇이 중요한 사건이었을까요? 이 책에서는 138억 년의 우주 속에서 발생한 수많은 사건들 가운데 열한 가지를 선택했습니다. 그리고 이를 통해 우주, 생명, 그리고 인간의 기원을 살펴보면서 빅 히스토리 퍼즐 판을 맞춰 가고자 합니다. 그럼 이제, 우리가 가지고 있는 수많은 퍼즐 조각들을 맞춰 보고 연결시키면서 세상에서 가장 큰 그림을 완성하는 이 즐거운 게임을 함께 즐겨 볼까요?

알아 두면 유용한 용어

★ **행성**

스스로 빛을 내는 별과 달리 스스로 빛을 내지 못하는 천체. 17세기에 망원경이 발명되면서 행성에 대한 연구가 시작되었는데, 우리가 살고 있는 태양계에는 총 8개의 행성이 존재한다.

★ **빅 히스토리 프로젝트** Big History Project

138억 년 동안 나타났던 우주와 생명, 그리고 인간의 기원 이야기를 살펴보기 위해 시작된 온라인 교육 프로그램. 2011년부터 마이크로소프트 사의 전 회장 빌 게이츠 Bill Gates와 호주 맥쿼리 대학교의 데이비드 크리스천 David Christian 교수가 공동으로 운영하고 있다. 이 온라인 교육 프로그램은 빅 히스토리에서 설명하고 있는 주요 개념 및 특징들을 소개해 준다. 현재 미국에서는 약 150여 개의 학교에서, 호주에서는 60개 학교에서 빅 히스토리를 정규 교과목으로 가르치고 있다. 우리나라에서는 2012년 가을부터 중학교 및 고등학교에서 방과 후 교과목으로 진행되었으며, 하나고등학교에서는 2015년부터 빅 히스토리 정규 교과목을 개설해서 가르치고 있다.

http://school.bighistoryproject.com

창조 신화 체험 활동
다양한 창조 신화들을 통해 세상 모든 것의 기원을 다양한 관점과 시각에서 살펴본다.

● 구체적인 활동

1) 여러 지역에서 전해 내려오는 신화와 전설들을 모으고, 그 내용을 간단하게 정리한다.
2) 다양한 기원 이야기들 가운데 가장 믿을 수 있는 이야기를 하나 고른다.
3) 선택한 기원 이야기에서 중요한 부분에 해당하는 내용들을 3~4개 정도 고른다.
4) 선택한 내용들을 친구들과 함께 춤이나 동작으로 표현해 본다.
5) 다른 친구들과 함께 특정 기원 이야기를 왜 선택했는지, 그리고 가장 중요하다고 생각했던 내용들은 어떤 이유로 골랐는지에 대해 이야기를 나눈다.

● 함께 읽어 보기

① **중국의 창조 신화**

　아주 먼 옛날, 이 세상은 하나의 알로 이루어져 있었다. 그 안에 '반고'라는 거인이 웅크리고 있었는데, 어느 날 그는 알을 깨고 밖으로 나왔다. 이때 알 속에 있던 무거운 것들과 가벼운 것들이 엉키어 혼돈 상태가 되자, 반고는 두 다리와 두 팔로 무거운 것들과 가벼운 것들을 떼어 놓고자 했다. 반고의 키는 하루에 한 자씩 자랐으며, 이로 인해 하늘과 땅은 점점 멀어졌다. 반고가 울 때 그의 눈물은 강이 되었고, 그의 숨결은 바람이 되었다. 그의 목소리는 천둥, 그의 눈빛은 번개가 되었다. 그가 기쁠 때 하늘은 맑았고, 그가 슬플 때 하늘은 흐렸다. 이렇게 하늘과 땅을 떼어 놓고자 하는 반고의 노력은 1만 8000년 동안 지속되었고, 그 거리가 9만 리에 달하자 반고는 혼돈을 막았다고 생각하면서 대지에 누워 쉬다가 죽었다. 그가 죽자 두 눈동자는 태양과 달이 되었고, 그의 사지는 산, 피는 강, 혈관과 근육은 길, 살은 논밭, 수염은 벼, 그리고 피부는 숲과 나무가 되었다. 그리고 반고의 몸에서 생긴 구더기는 인간이 되었다.

② **이집트의 창조 신화**

　세상의 초기에는 혼돈의 암흑 바다인 '누'가 있었다. 어느 날 바다에서 '벤벤'이라는 언덕이 솟아 올랐고, 그 언덕에서 최초의 신인 '아툼'이 스스로 생겨났다. 아툼은 빛을 만들었는데, 그 빛은 태양신 '라'가 되었다. 라는 법과 정의, 조화, 지혜의 여신인 '마트'를 낳았고, 마트는 우주 창조의 법칙이 되었다. 아툼은 기침으로 공기와 공간의 신인 '슈', 그리고 습기의 여신인 '테프누트'를 낳

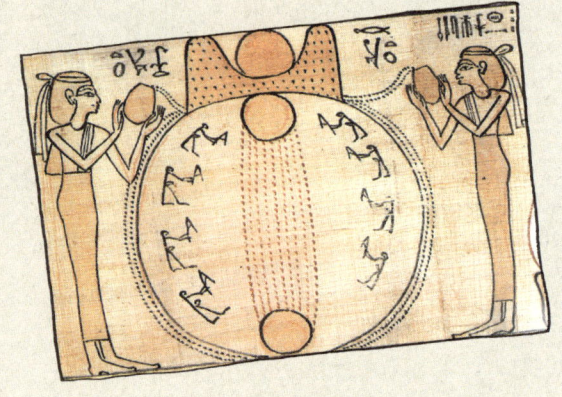

았다. 슈와 테프누트는 결혼하여 대지의 신인 '게브'와 하늘의 여신인 '누트'를 낳았는데, 이후 게브와 누트는 결혼하여 그들의 자식이 하늘의 주인이 될 것이라는 예언을 들었다. 태양신 라는 이를 시기하여 게브와 누트 사이에 슈를 두어 1년 중 360일을 서로 만나지 못하게 했다. 그러나 누트의 부탁을 받은 지식의 신 '토트'가 달의 신인 '콘수'와 내기를 하여 이긴 다음, 달의 빛을 얻어 나머지 5일 동안 세상을 환하게 비추었고, 이때 게브와 누트는 5명의 자식을 낳았다. 이후 1년은 365일이 되었고, 항상 보름달이었던 달은 빛을 잃어 주기적으로 그 모습이 변하게 되었다. 게브와 누트 사이에 태어난 5명의 자식들은 바로 풍요의 신이자 죽은 사람을 다시 깨우는 '오시리스', 사막을 지배하며 모래 바람을 일으키는 '세트', 오시리스의 아내이자 세트의 위협으로부터 호루스를 낳은 신성한 어머니 '이시스', 세트의 아내이자 화합과 모임을 상징하는 '네프티스', 오시리스와 이시스의 아들이자 현세의 통치자가 된 '호루스'이다.

③ **마야의 창조 신화**

하늘에 있는 4명의 신들이 세상을 내려다보다가 신들 가운데 황색 신이 인간을 만들어 땅의 여러 가지 혜택을 누리게 하고 신을 숭배하게 하자고 제안했다. 이에 나머지 신들도 모두 황색 신의 제안에 찬성했다. 그래서 황색 신은 진흙덩이를 가져다가 인간을 만들었는데, 진흙덩이로 만든 인간은 물에 녹거나 똑바로 서지 못했다. 이를 본 적색 신은 나무로 인간을 만들자고 제안하면서 나뭇가지를 꺾어 인간의 형상을 조각했다. 나뭇가지로 만든 인간은 물 위에 떠다니고 똑바로 서 있었지만, 불에 타 버리고 말았다. 이번에는 흑색 신이 황금으로 인간을 만들었는데, 황금으로 만든 인간은 매우 아름다웠고 태양처럼 빛났다. 그리고 물이나 불에도 영향을 받지 않았다. 하지만 황금 인간은 그 감촉이 매우 싸늘했고, 말을 할 수도 움직일 수도 없었으며, 신들을 숭배하지도 않았다. 어쨌든 신들은 황금 인간을 지상에 남겨 두었다. 마지막으로 아무런 색깔이 없는 네 번째 신은 자신의 살로 인간을 만들기로 했다. 그가 자신의 왼손가락을 잘라 내자 손가락들은 뛰어 다니다가 땅으로 떨어졌는데, 나머지 신들은 살로 만들어진 인간들이 너무 멀리 사라져 버려 어떻게 생겼는지 제대로 보지 못했다. 그러나 살로 만든 인간들은 신을 숭배하고 제물을 바치면서 신들의 마음을 흡족하게 했다. 이들이 황금 인간을 만나 친절하게 대해 주자 황금 인간의 심장이 따뜻해지면서 생명을 가지게 되었다. 그리고 황금 인간들은 살로 만든 인간들의 친절을 칭찬했다. 4명의 신들은 황금 인간을 '부자'라고 부르고, 살로 만들어진 인간을 '가난뱅이'라고 불렀다. 그리고 부자의 운명을 가난뱅이를 돌보는 것으로 만들었다. 또한 신들은 부자들이 죽으면 생전에 가난뱅이들을 얼마나 잘 보살펴 주었는지를 기준으로 천국에 들어갈 수 있도록 했다.

2
우주의 시작, 빅뱅

빅뱅 이후 무엇이 나타났을까?

우주의 탄생 신화

　제우스, 헤라, 포세이돈, 아폴론, 아프로디테. 한 번쯤 들어 보았을 이름들입니다. 바로 그리스 신화에 등장하는 유명한 신들이지요. 그리스 신화에 따르면 최초의 세상에는 모든 것이 뒤섞여 있었습니다. 하늘이나 땅도 없었고, 당연히 인간도 없었습니다. 이러한 상태에서 처음 나타난 것이 바로 땅과 어둠, 그리고 사랑이었습니다. 이후 여러

그리스 신화에 등장하는 신들.

명의 신들이 태어났지요. 그래서 그리스 신화에서는 아무것도 없었던 상태에서 신이 나타났고, 세상이 시작되었다고 설명합니다.

그리스 신화에서 설명하고 있는 세상의 시작은 오늘날 과학자들이 설명하는 우주의 시작과 상당히 비슷합니다. 이전에는 없었던 것이 갑자기 나타났지요. 하지만 과학자들이 그리스 신화를 가장 믿을 만한 '세상의 기원 이야기'라고 생각하는 것은 아닙니다. 모든 것이 뒤섞여 있는 가운데 신이 나타났다는 사실을 보여 주는 과학적 증거들이 없기 때문입니다. 그래서 과학자들은 과학적 증거들을 가지고 설명할 수 있는 **빅뱅 이론**을 **우주의 기원 이야기**라고 믿습니다.

138억 년 전에 빅뱅이 왜 일어났는지, 빅뱅이 나타나기 이전에 우주가 어떤 상태였는지 설명하는 것은 어렵습니다. 과학적 증거들이 아직 제대로 발견되지 않았기 때문이지요. 따라서 우주가 탄생하는 순간이나 그 이전의 상황을 설명하지 못한다는 점에서, 빅뱅 이론은 그리스 신화와 크게 다르지 않습니다. 하지만 오늘날 과학자들은 빅뱅이 나타난 다음에 우주에 어떤 일이 발생했는지 충분히 설명할 수 있는 과학적 증거들을 가지고 있습니다. 그렇기 때문에 빅뱅 이론은 다른 신화들과는 달리 가장 믿을 만한 우주의 기원 이야기가 될 수 있습니다.

과학자들이 발견한 증거들을 살펴보면, 우주의 기원 이야기는 빅뱅 이후 매우 짧은 시간이 지난 다음에 시작됩니다. 최초의 우주는

우리가 상상할 수 없을 정도로 매우 뜨거웠고, 밀도도 매우 높았습니다. 그러다가 우주는 빛보다 훨씬 빠른 속도로 팽창하기 시작했습니다. 우주가 팽창하면서 온도도 낮아졌습니다. 그리고 이 순간에 갑자기 무엇인가 등장했습니다. 바로 '에너지'입니다. 빅뱅 이전에는 나타나지 않았던 새로운 복잡성이지요.

최초의 에너지와 네 가지 힘

과학자들에 따르면, 최초의 에너지는 네 가지의 형태로 나타났습니다. 바로 **중력**, **전자기력**, **약한 핵력**, **강한 핵력**입니다. 그럼 최초의 에너지를 차례대로 살펴볼까요?

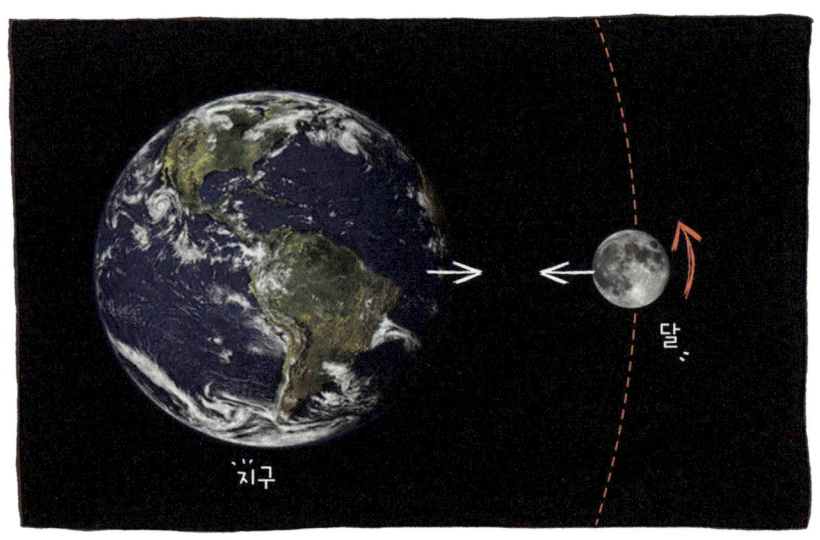

지구와 달은 서로 끌어당긴다.

중력은 물체들이 서로 끌어당기는 힘을 의미합니다. 중력을 발견한 사람은 17세기의 영국의 과학자 아이작 뉴턴Isaac Newton이었습니다. 나무에서 떨어지는 사과를 보고 물체를 떨어뜨리는 힘을 발견했다는 일화로 매우 유명한 과학자인데, 아쉽게도 이 일화가 정말 사실인지는 알 수 없답니다. 하지만 뉴턴이 지구뿐 아니라 우주에서도 물체들 사이에 서로 끌어당기는 힘이 존재한다는 과학 법칙을 발견한 것은 분명한 사실입니다.

전기력과 자기력을 합쳐서 **전자기력**이라고 부릅니다. 겨울에 날씨가 추워지면 우리는 스웨터를 꺼내 입습니다. 때때로 스웨터를 입을 때 따끔거리기도 하지요. 이렇게 따끔거리는 것은 물체들이 서로 닿았을 때 전자가 이동했기 때문입니다. 물질은 원자들로 이루어져 있고, 각각의 원자는 원자핵과 전자로 이루어져 있습니다. 원자핵은 (+) 전기를 띠고, 전자는 (−) 전기를 띠기 때문에, 원자는 보통 전기를 띠지 않습니다. 서로 다른 물체를 비비거나 문질러서 마찰시키면, 하나는 (+) 전기를 띠고, 다른 하나는 (−) 전기를 띠게 되는데, 서로 다른 종류의 전기를 띠게 되면 서로 잡아당깁니다. 반면 같은 종류의 전기를 띠게 되면 서로 밀어 냅니다. 이처럼 전기를 띤 물체 사이에 작용하는 힘을 전기력이라고 합니다.

그렇다면 자기력은 무엇일까요? 예를 들어 볼게요. 과학 시간에 클립이 가득 들어 있는 통을 들고 걸어가다가 친구와 부딪혀서 쏟았습

니다. 통 안에 있던 수많은 클립들은 이미 바닥으로 흩어졌지요. 이것들을 모두 주워 통 안에 담아야 하는데, 어떻게 하면 쉽게 담을 수 있을까요? 가장 쉬운 방법 중 한 가지는 자석을 이용하는 것입니다. 자석은 쇠붙이를 끌어당기는 힘을 가지고 있습니다. 자석에는 N극과 S극이라는 2개의 극이 존재합니다. 같은 극끼리는 서로 밀어 내고, 다른 극끼리는 서로 당깁니다. 물체를 끌어당기거나 밀어 내는 자석의 힘이 바로 자기력입니다.

핵력은 원자핵에서 발생하는 힘을 의미합니다. 크게 약한 핵력과 강한 핵력으로 나뉩니다. 19세기 말까지 많은 과학자들은 세상에 존재하는 물질 가운데 가장 작은 것을 원자라고 생각했습니다. 원자는 '더 이상 나눌 수 없는 입자'라는 의미를 가지고 있지요. 하지만 실험을 통해 원자가 다시 원자핵과 전자로 구성된다는 사실이 밝혀졌고, 원자핵은 다시 양성자*와 중성자*로 구성된다는 사실이 알려졌습니다. 양성자, 중성자, 전자처럼 물질을 이루는 아주 작은 물체를 '소립자' 혹은 '입자'라고 부릅니다.

1986년 4월, 우크라이나 공화국의 체르노빌 원자력 발전소의 폭발로 방사능이 퍼지는 사고가 발생했습니다. 이 사건은 '20세기에 발생했던 최악의 사고'라고 불립니다. 당시 소련 정부는 희생자와 방사능에 노출된 사람들이 대략 20만 명이라고 보도했습니다.

"20세기에 발생했던 최악의 사고" 체르노빌 원자력 발전소 폭발…

약한 핵력은 바로 방사능과 관련이 있는 힘입니다. 약한 핵력이 입자의 붕괴를 일으켜서 방사능이 발생하게 되는 것이지요. 약한 핵력은 그 자체로는 힘이 강력하지 않을지 모르지만, 약한 핵력의 작용은 우리에게 매우 심각한 영향을 미칩니다.

강한 핵력은 네 가지의 기본 힘 가운데 가장 강력한 힘으로, 양성자와 중성자를 붙들어 놓는 힘입니다.

  1952년, 태평양의 한 섬에서 인류가 개발한 무기 가운데 가장 강력한 무기 실험이 진행되었습니다. 그것은 '아이비 마이크Ivy Mike'라는 이름의 수소 폭탄 실험이었습니다. 이 실험으로 섬 전체가 사라질 뻔했습니다. 엄청난 위력을 지닌 폭탄이지요. 이와 같은 수소 폭탄은 원자핵이 융합해 새로운 핵을 만드는 '핵융합 반응'을 통해 만들어집니다. 그리고 이러한 원자핵의 핵융합에 작용하는 힘이 강한 핵력입니다. 강한 핵력을 활용해 인류 역사상 가장 끔찍한 무기를 만든 것이지요.

최초의 물질과 원자

기원전 5세기경 그리스의 한 철학자는 이 세상이 물, 불, 공기, 흙이라는 네 가지 물질의 다툼과 사랑으로 이루어졌다고 주장했습니다. 우리에게도 잘 알려진 철학자인 플라톤*도 이와 같은 주장을 믿었고, 아리스토텔레스*는 네 가지의 물질이 따뜻하거나 차가운 상태와 만나서 세상의 모든 것이 만들어진다고 주장했습니다. 비슷한 시기에 만물이 더 이상 쪼개질 수 없는 입자로 이루어졌다고 주장한 철학자가 있었지만 그의 주장은 받아들여지지 않았습니다. 네 가지 물질설은 거의 2000년 이상 세상을 지배했지요.

오늘날 우리는 빅뱅 이후 10^{-36}초가 지난 다음에 최초의 에너지가 발생했다는 사실을 알고 있습니다. 가장 먼저 나타난 것은 바로 중력입니다. 이후 전자기력과 약한 핵력, 그리고 강한 핵력이 차례대로 등장했지요. 이 시기에 우주는 계속 팽창했는데, 곧이어 에너지가 서로 결합하면서 물질이 나타나기 시작했습니다.

오늘날 발견된 과학적 증거들에 따르면, 쿼크quark*는 빅뱅 이후에 나타난 최초의 물질입니다. 쿼크가 모여 양성자와 중성자가 만들어지고, 빅뱅이 발생한 이후 3분 이내에 양성자와 중성자가 서로 결합해 원자핵이 만들어집니다. 그리고 전자도 등장하지요. 처음 우주가 탄생했을 때와 비교해 보면, 우주의 온도는 상당히 낮아졌습니다. 하지만 오늘날 우주의 온도와 비교한다면, 여전히 높았습니다. 과학자들은 이 시기 우주의 온도가 약 100억 도 정도였을 것이라고 생각합니다. 그래서 당시 우주는 양성자와 전자가 결합하지 못하고 떨어져 있는 플라스마plasma★ 상태였다고 합니다.

시간이 흐르면서 우주의 온도는 더욱 낮아졌습니다. 빅뱅 이후 38만 년이 지나면 우주의 온도는 약 2700도까지 낮아졌지요. 온도가 낮아지면서 우주에서는 이전에 없었던 새로운 복잡성이 나타났습니다. 떨어져 있던 양성자와 전자가 결합해서 원자가 만들어진 것입니다. 원자가 만들어진 이후 우주는 점점 밝아지기 시작했습니다. 우주의 온도와 밀도가 높았을 때에는 양성자나 전자의 움직임이 너무 빨라서 빛이 통과할 수 없었습니다. 빛이 통과하지 못하니 우주는 어두울 수밖에 없었답니다. 그러나 우주의 온도가 낮아지고 원자가 형성되면서 이제 빛은 자유롭게 움직일 수 있게 되었습니다.

우주의 팽창과 과학적 증거들

우주의 기원과 관련해, 우리가 알고 있는 사실은 빅뱅 이후 10^{-36}초부터 38만 년이 지날 때까지 발생했던 현상들입니다. 이 현상들을 설명해 줄 수 있는 과학적 증거들을 발견했기 때문입니다. 과학자들은 빅뱅 이후 우주가 계속 팽창해 왔다는 사실을 알게 되었습니다. 물론, 이와 관련된 과학적 증거들도 함께 발견했지요.

우주 팽창과 관련된 과학적 증거 가운데 한 가지는 **적색 이동**red shift 현상입니다. 사람의 눈으로 볼 수 있는 빛은 붉은색일수록 파장이

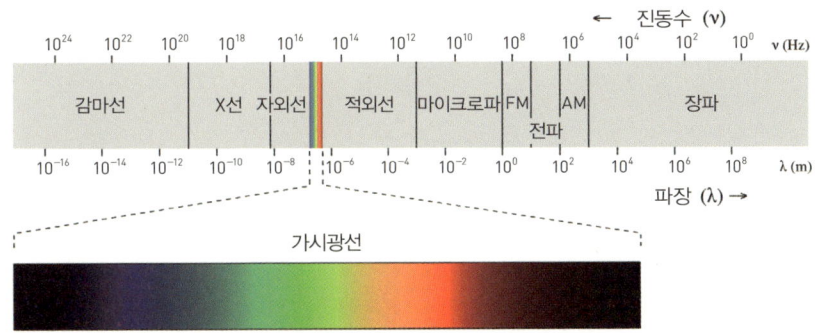

빛의 스펙트럼.

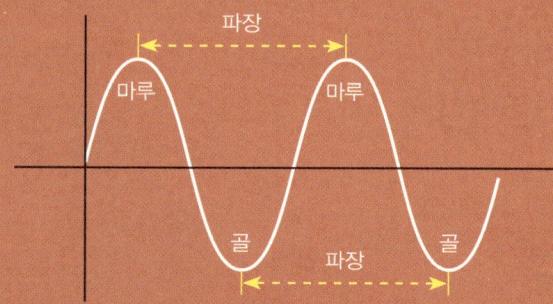

길고, 푸른색일수록 파장이 짧습니다. 파동에서 마루와 마루 사이의 거리 혹은 골과 골 사이의 거리를 파장이라고 하지요. 파동은 한 곳에서 생긴 진동이 주위로 퍼져 나가는 현상을 말합니다. 20세기 초에 미국의 천문학자였던 에드윈 허블Edwin Hubble은 멀리 있는 별의 스펙트럼이 붉은색 쪽으로 치우쳐 있는 '적색 이동' 현상을 발견했습니다. 허블은 이와 같은 현상이 멀리 있는 별의 빛이 지구로 오는 동안 파장이 길어졌기 때문이라고 생각했습니다. 멀리 있는 별일수록 지구로부터 더 빠르게 멀어지고 있다는 것이지요. 만약 우주가 고정되어 있다면, 이러한 적색 이동 현상은 나타나지 않을 것입니다. 허블은 우

적색 이동이나 우주팽창설은 빅뱅 이후 우주가 계속 팽창해 왔다는 주장을 증명할 수 있는 과학적 증거라고 할 수 있습니다.

에드윈 허블

우주배경복사를 관찰한 전파수신기.

주가 팽창하기 때문에 이러한 현상이 발생하는 것이라고 생각했습니다. 이같은 적색 이동이나 허블의 우주팽창설은 빅뱅 이후 우주가 계속 팽창해 왔다는 주장을 증명할 수 있는 과학적 증거라고 할 수 있습니다.

1940년대에 러시아의 과학자 조지 가모프 George Gamow는 우주의 기원을 보다 구체적으로 설명했습니다. 그는 초기에 우주의 온도와 밀도가 매우 높았다가 점점 낮아지면서 우주 전체로 빛이 풀려 나왔다고 생각했습니다. 우주가 팽창하면서 온도는 계속 낮아졌고, 당시 우주로 풀려 나온 빛은 대략 절대온도★ 3K(-270도)에 해당하는 파장으로 남게 되었다고 계산했습니다. 당시 많은 과학자들은 가모프의 주장을 비웃었답니다.

그런데 1960년대에 아노 펜지어스와 로버트 윌슨이라는 두 명의 천문학자가 재미있는 것을 발견했습니다. 당시 이들은 벨 연구소의 대형 안테나를 어떻게 활용할까 하고 고민하고 있었는데, 모든 방향에서 일정하게 들리는 잡음 때문에 도저히 연구에 집중할 수 없었습니다. 측정 기구를 점검하고, 전깃줄과 플러그까지 점검했지요. 심지어 전파수신기의 새똥까지 치우기도 했답니다. 그러다가 그들은 동료 과학자들이 가모프의 주장을 증명하기 위해 이 잡음을 찾고 있다는 것

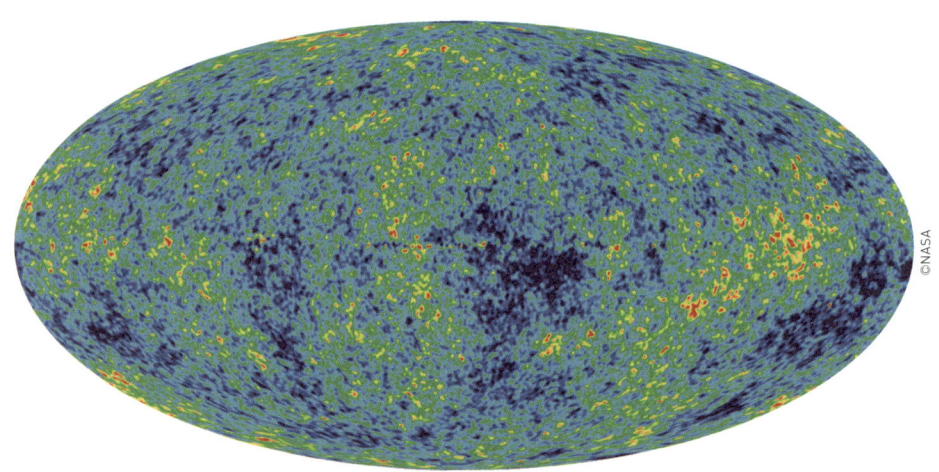

윌킨슨 마이크로파 관측위성의 관측을 기초로 해서 만들어진 우주배경복사 사진. 초기 우주의 온도 분포를 알 수 있다.

을 알게 되었습니다. 펜지어스와 윌슨은 약 3K에 해당하는 파장이 모든 방향에서 동일하게 관찰된다는 사실을 발견했습니다. 오늘날 과학자들은 이 파장을 우주배경복사*cosmic background radiation; CBR 라고 부릅니다. 우주배경복사는 우주의 기원을 설명하는 빅뱅 이론의 가장 중요한 증거 가운데 하나입니다.

　빅 히스토리는 138억 년 전에 나타났던 빅뱅을 우주의 기원으로 설명하고 있습니다. 오늘날 우리는 빅뱅 이후 우주가 팽창하면서 이전에 나타나지 않았던 새로운 에너지와 물질이 발생했다는 사실을 알고 있습니다. 바로 과학적 증거들 덕분입니다. 과학과 기술이 발전할수록 우리는 더욱 믿을 만한 과학적 증거들을 얻게 될 것입니다. 어쩌면 빅뱅 대신 새로운 방식으로 우주의 기원을 설명하게 될지도 모릅니다. 하지만 아직까지는 빅뱅 이론이 가장 강력하고 믿을 만한 우주의 기원 이야기입니다. 이러한 점에서 빅뱅은 빅 히스토리의 중요한 임계국면입니다.

알아 두면 유용한 용어

★ **양성자**
중성자와 함께 원자핵을 구성하는 작은 입자로서, 질량을 가지며 양전하(+)를 띤다.

★ **중성자**
양성자와 함께 원자핵을 구성하며, 전하를 띠지 않기 때문에 중성이다.

★ **플라톤** Plato (기원전 427~기원전 347)
그리스의 철학자. 소크라테스의 제자이자 아리스토텔레스의 스승이다. 덕의 본질과 중요성, 그리고 앎을 강조했으며 아카데메이아를 세워 제자들을 가르쳤다.

★ **아리스토텔레스** Aristoteles (기원전 384~기원전 322)
그리스의 철학자. 자연철학과 논리학의 기초를 다졌고, 지구가 우주의 중심이라는 천동설을 지지했다. 이와 같은 그의 사상은 17세기까지 유럽을 지배했다.

★ **쿼크**
양성자와 중성자를 구성하는 더 작은 기본 입자. 위쿼크, 아래쿼크, 기묘쿼크, 맵시쿼크, 바닥쿼크, 꼭대기쿼크 등 크게 여섯 가지 종류의 쿼크가 있다.

★ **플라스마**
수만 도 이상의 매우 높은 온도에서 음전하와 양전하로 분리된 기체 상태. 일반적으로 물질의 상태는 고체, 액체, 기체로 나뉘는데, 플라스마는 제4의 물질 상태이다.

★ **절대온도**
물질의 성질에 의존하지 않는 온도로, 절대온도 0도에 기초를 둔 측정단위다. 단위는 K이다. 절대온도 0도에서 모든 분자 운동은 정지한다. 절대온도 0도는 −273.15℃이다.

★ **우주배경복사**
모든 방향에서 관측되는 2.725K의 전파로, 우주에 가득 차 있기 때문에 우주 공간의 배경이라고 한다. 우주의 모든 방향에서 같은 강도로 들어오는 전파이다. 우주배경복사 정보를 활용하여 우주의 온도 차이나 인력의 세기 등을 측정할 수 있다.

3
별의 탄생과 우리 은하

별은 어떻게 생겨났을까?

별자리와 은하수 이야기

　고개를 들어 밤하늘을 바라보면 북쪽 하늘에서 반짝이는 일곱 개의 별들을 볼 수 있습니다. 바로 **북두칠성**입니다. 우리나라에는 북두칠성과 관련된 전래동화가 있습니다. 옛날 어느 마을에 일곱 명의 아들과 함께 살던 홀어머니가 있었습니다. 어느 날 밤 큰 아들은 외로운 어머니가 밤마다 냇가를 건너 나들이를 다녀온다는 사실을 알게 되었습니다. 그래서 다른 형제들을 깨워 어머니가 냇가를 쉽게 건널 수 있도록 돌다리를 놓았고, 어머니는 돌다리를 놓아 준 사람이 죽어서 별이 되기를 빌었습니다. 그리고 어머니의 소원에 따라 일곱 명의 아들은 죽어서 별이 되었습니다.

　별자리에 대한 이야기는 우리나라뿐 아니라 다른 지역에서도 쉽게 찾아볼 수 있습니다. 그리스 신화에 따르면, 세상을 다스리는 신 제우스가 칼리스토라는 여인과 사랑에 빠지자, 제우스의 부인 헤라가 이를 질투해서 그만 칼리스토를 곰으로 만들어 버렸답니다. 곰이 된 그녀를 불쌍하게 여긴 제우스는 밤하늘의 별자리로 만들었는데, 이것이 바로 큰곰자리입니다. 우리나라의 전래동화에 등장하는 북두칠성은 바로 곰의 허리와 꼬리 부분에 해당하는 별들이지요.

여름에 밤하늘을 바라보면 은하수도 쉽게 발견할 수 있습니다. 흔히 '별들의 강'이라고 부르는 은하수가 사실은 수많은 별들이 모여 만들어졌다는 사실은 약 400년 전에 밝혀졌습니다. 바로 지구가 태양의 주위를 돈다고 주장했던 유명한 과학자인 갈릴레이Galileo Galilei*가 자신이 만든 망원경으로 밤하늘을 관찰하다가 발견했지요. 과학 기술의 발전과 더불어 사람들은 도구를 사용해서 별을 관찰하기 시작했고, 과거와는 다른 방식으로 별과 은하수가 어떻게 만들어졌는지 이해하게 되었습니다.

별의 탄생

빅뱅 이후 38만 년이 지났을 때 우주에는 큰 차이가 없었습니다. 물질이 우주 전체에 골고루 퍼져 있었기 때문입니다.

물이 들어 있는 유리컵에 붉은 물감을 떨어뜨리고, 이를 잘 저은

허블 망원경으로 촬영한 독수리 성운.
세 개의 기둥 모양을 가진 이 성운에서도 수많은 별들이 탄생한다.

다음, 스푼으로 유리컵의 물을 떠 볼까요? 원래 유리컵에 있던 물의 색과 스푼으로 뜬 물의 색은 똑같은 색이지요. 이 시기의 우주도 마찬가지였습니다. 어느 곳이든 다른 곳과 다르지 않았습니다. 그런데 우주 전체에 아주 작은 변화가 나타났습니다. 바로 온도 차이였지요. 이제 우주의 어떤 부분은 다른 부분보다 약간 더 뜨거워졌습니다. 사실, 이와 같은 온도 차이는 수천분의 1도로 매우 작았습니다. 우리는 미국 항공우주국NASA이 우주배경복사를 연구하기 위해 발사한 WMAP 위성*을 통해 이와 같은 사실을 알 수 있습니다.

　수천분의 1도라는 차이를 우리는 결코 알아차리지 못할 것입니다.

따라서 얼핏 보면, 수천분의 1도라는 온도 차이는 별로 중요하지 않은 것 같습니다. 그런데 우주의 기원과 역사에서는 매우 중요합니다. 다른 부분보다 약간 더 뜨거운 곳에서는 중력의 힘이 좀 더 많이 작용했기 때문입니다. 중력은 물질이 많을수록 더욱 강력해지는 특징을 가지고 있습니다.

  자, 여러분 눈 앞에 운동장만 한 트램폴린이 있다고 생각해 봅시다. 팽팽한 트램폴린 위에 쇠로 만든 공을 하나 올려놓아 보지요. 우리는 쇠공을 놓은 곳이 움푹 들어가는 걸 볼 수 있습니다. 여기에 처음 올려놓았던 쇠공보다 작은 크기의 쇠공들을 굴리면 어떤 현상이

발생할까요? 작은 쇠공들이 처음에 놓았던 쇠공 쪽으로 굴러가는 모습을 볼 수 있을 거예요. 트램폴린 위에 올려놓은 쇠공과 비슷한 일이 우주에서도 나타났습니다. 다른 부분보다 온도가 약간 더 높은 부분에서는 중력 때문에 더 많은 물질이 모이기 시작했습니다. 더 많은 물질이 모인 부분은 좀 더 빽빽해졌고, 중력은 더욱 강력해졌지요. 이런 일들이 되풀이되자 중심 쪽에 가장 많은 물질들이 모이게 되었습니다. 마치 구름처럼 보여서, 과학자들은 이를 성운nebula이라고 부릅니다.

물질이 가장 많이 모여 있는 성운에서 탄생한 것이 바로 별입니다. 빅뱅 이후 약 2억 년이 지난 후였습니다. 이렇게 하늘에서 반짝거리는 별은 아주 작은 온도 차이 때문에 나타났습니다. 참으로 놀라운 일이지요. 별이 등장하면서 우주에는 큰 변화가 나타났습니다. 우주의 어떤 부분들이 다시 뜨거워지기 시작한 것입니다. 구름 속의 온도가 올라가면서 원자는 다시 양성자와 전자로 분리되었고, 1000만 도가 되자 이제 양성자들끼리 서로 격렬하게 부딪히면서 서로 융합되었으며, 이로 인해 엄청난 에너지가 발생했습니다. 바로 이 에너지 때문에 별은 이제 빛을 낼 수 있게 되었습니다. 과거의 우주에서는 결코 나타나지 않았던 현상이지요.

별의 일생

물질들이 모여 새로운 형태의 별이 탄생한 것은 우주의 기원과 역사를 설명하는 빅 히스토리에서 매우 중요한 현상입니다.

그렇다면, 별의 일생은 어떨까요? 성운에서 태어난 별은 질량에 따라 다른 일생을 살게 됩니다. 질량이 작은 별과 질량이 큰 별의 일생은 태어날 때부터 다르지요. 질량은 물체를 이루는 물질의 양을 의미합니다. 똑같은 크기의 고무공과 쇠공이 있을 때, 어느 공이 더 무거울까요? 당연히 쇠공이 무겁습니다. 쇠공을 이루는 물질의 질량이 더 크기 때문이지요.

먼저, 질량이 작은 별은 가장 가벼운 물질인 수소를 사용해서 안정적인 상태가 됩니다. 수소는 우주를 구성하고 있는 물질 가운데 가장 많습니다. 과학자들에 따르면, 수소는 우주의 약 75%를 차지하고 있고, 헬륨이 24% 정도를 차지하고 있지요. 안정적인 상태가 된 별은 자신이 가지고 있는 수소를 모두 사용할 때까지 계속 빛을 냅니다. 별의 일생 가운데 가장 오랜 기간 동안 나타나는 현상이지요.

게 성운. 1054년 초신성 폭발의 잔해.

중심핵에 있는 수소를 모두 사용하면 이제 별은 핵 주변에 있는 수소를 사용하기 시작합니다. 이러한 과정이 되풀이되면서 별의 크기는 더욱 커지지만, 온도는 점점 내려갑니다. 별을 구성하고 있는 물질들은 우주로 날아가 버립니다. 이제 별에 남은 것은 중심핵뿐입니다. 그리고 별은 더 이상 빛을 내지 못하면서 죽음을 맞이하게 되지요. 많은 과학자들은 앞으로 50억 년쯤 지나면 지구의 생명체들에게 에너지를 공급해 주는 태양도 이러한 상태가 될 것이라고 생각합니다.

질량이 큰 별의 일생은 조금 다릅니다. 태양보다 수백 배에서 수천 배 이상 큰 별들이지요. 이러한 별들은 수소를 모두 사용하면 수소보다 무거운 헬륨을 사용합니다. 그리고 더 무거운 물질들을 사용해 빛을 낸답니다. 별이 가장 마지막으로 사용하는 물질은 바로 철입니다. 철을 다 사용하면 엄청난 폭발이 발생하는데, 과학자들은 이를 초신성 폭발이라고 부릅니다. 질량이 큰 별의 죽음이라고 할 수 있지요.

초신성 폭발은 우리나라의 역사 기록 속에서도 찾아볼 수 있습니다. 조선 태조부터 철종까지 472년 간의 역사를 기록한 책인 〈조선왕조실록〉에는 다음과 같은 기록이 보입니다. 1604년 음력 9월 21일, "밤 초경에 객성이 미수* 10도의 위치에 있었는데, 북극성과는 110도의 위치였다. 형체는 세성*보다 작고 황적색이었으며, 빛이 반짝이듯 보였다." 객성은 일정하게 보이는 별이 아니라 일시적으로 나타나는 별을 의미하는데, 바로 여기에 초신성이 포함됩니다. 1604년의 초신성은 독일의 천문학자인 요하네스 케플러가 발견하여 '케플러의 별'이라고도 부르는데, 우리나라에서도 이 초신성을 관찰하여 기록으로 남긴 것입니다.

초선성 폭발 이후 별의 상태는 불안정해집니다. 우리가 상상할 수 없을 정도의 엄청난 중력으로 주변의 물질들과 모든 것을 끌어들입니다. 심지어 빛까지 빨려 들어가지요. 이것이 바로 블랙홀 black hole*

입니다. 거대한 천체망원경의 개발로 많은 과학자들은 블랙홀이 존재한다는 사실에 동의합니다. 물론, 빛을 포함해 모든 것을 삼켜 버리기 때문에 블랙홀에 대해 알려진 것은 아직 많지 않습니다. 하지만 과학 기술이 발전하고 더 많은 과학적 증거들이 발견된다면, 우리는 블랙홀에 대해 더 많은 이야기를 할 수 있겠지요.

성운에서 태어난 별은 수소나 헬륨 등과 같은 물질을 이용하면서 점점 더 커지고 더욱 밝아집니다. 그리고 어느 순간 죽음을 맞이합니다.

그런데 재미있는 사실은 별에게 죽음은 말 그대로 끝이 아니라는 것입니다. 크기가 줄어들면서 더 이상 빛을 내지 못하거나 폭발한 이후에도 별은 결코 사라지지 않습니다. 별을 이루었던 물질들이 우주 전체로 흩어졌다가 시간이 흐르면 다시 뭉쳐서 새로운 별을 만들기 때문입니다. 그래서 별의 죽음은 단순히 끝이 아니랍니다. 새로운 탄생으로 연결되는 것이지요.

별의 구조

지금까지 우리는 별의 탄생과 죽음에 대해 살펴보았습니다. 이제 시야를 좀 더 넓혀 보겠습니다.

밤하늘에 빛나는 별들은 셀 수 없을 정도로 많습니다. 그래서 어떤 천문학자들은 별이 몇 개인지는 별로 중요하지 않다고 생각하기도 했지요. 비록 우주에 얼마나 많은 별들이 있는지 정확하게 알 수는

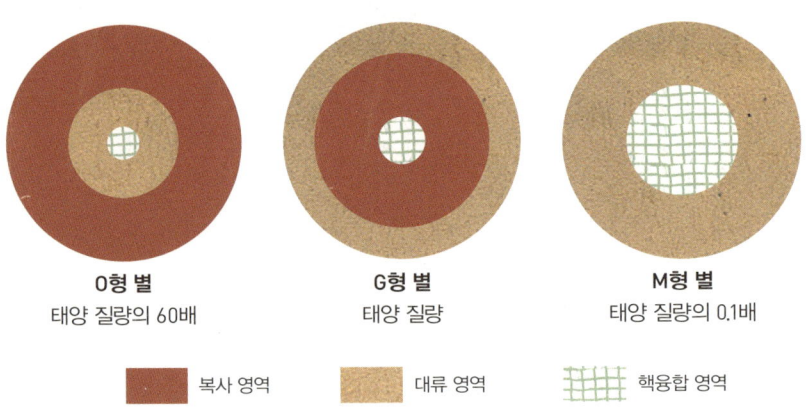

질량에 따른 별의 구조

O형 별
태양 질량의 60배

G형 별
태양 질량

M형 별
태양 질량의 0.1배

■ 복사 영역   ■ 대류 영역   ▦ 핵융합 영역

없지만, 우리가 별에 대해 좀 더 분명하게 알고 있는 사실이 한 가지 있습니다. 바로 별의 구조입니다.

과학자들은 별이 공통된 구성 요소들을 가지고 있다는 사실을 밝혀냈습니다. 그런데 공통점만 있는 것이 아니라 차이점도 있습니다. 그 이유는 무엇일까요? 바로 별의 질량 때문입니다. 이미 앞에서 살펴본 것처럼, 별의 질량은 별의 일생을 결정하는 데, 그리고 별의 구조를 결정하는 데에도 중요한 역할을 담당한답니다. 질량이 큰 별에는 에너지가 너무 많기 때문에 중심핵 주변에 에너지를 직접 전해 줄 수 있는 대류 영역*이 형성됩니다. 하지만 질량이 작은 별에서는 에너지를 직접 전해 주지 못하기 때문에 중심핵 주변에 빛을 통해 에너지를 전해 주는 복사 영역*이 형성됩니다.

우주의 수많은 별 가운데 우리가 가장 많이 알고 있는 별은 바로 태양입니다. 그래서 과학자들은 다른 별들을 관찰하거나 연구할 때 태양을 기준으로 삼곤 합니다. 태양을 기준으로 살펴보면, 태양과 비슷한 질량의 별은 중심핵-복사 영역-대류 영역이라는 구조를 가집니다. 그리고 태양보다 수십 배 이상 질량이 큰 별은 중심핵-대류 영역-복사 영역이라는 구조를 가지지요. 결국 별의 질량은 별의 일생뿐 아니라 구조도 결정한답니다.

은하수와 우리 은하

별은 질량에 따라 서로 다른 구조를 가지고 있습니다. 그리고 중력 때문에 수천억 개의 별들이 모이면 더욱 복잡한 구조를 만듭니다. 이것이 바로 별들의 집단인 은하galaxy입니다.

인간은 오래전부터 은하에 대해 많은 관심을 가지고 있었습니다. 밤하늘에서 반짝이며 흐르는 강처럼 보이기 때문에 은하를 은하수 milky way라고 부르기도 하지요.

우리나라뿐 아니라 중국과 일본에서도 은하수와 관련된 비슷한 이야기를 찾아볼 수 있습니다. 바로 '견우와 직녀' 이야기이지요. 서로 사랑하는 남녀가 일은 하지 않고 놀러만 다니자, 화가 난 옥황상제가 두 사람을 떨어뜨려 놓습니다. 이들 사이에는 엄청나게 큰 강이 흐르는데, 이 강이 바로 은하수입니다.

은하수는 우리 은하에 속해 있습니다. 우리 삶의 터전인 지구와 태양, 여러 개의 행성으로 구성된 태양계 역시 우리 은하의 일부이지요. 과학자들에 따르면, 우리 은하에는 태양계와 비슷한 것들이 수천억 개나 된다고 합니다. 이와 같이 엄청난 규모의 별들로 이루어진 우

흐르는 강처럼 반짝이는 은하수.

리 은하는 나선형의 원반 모양을 띤 채 움직이고 있습니다. 어떤 과학자들은 우리 은하의 중심부에 엄청난 블랙홀이 있을 것이라고 예상하고 있습니다. 재미있는 사실은 태양계가 우리 은하의 나선팔 부근에 위치해 있다는 것입니다. 오랫동안 세상과 우주의 중심이라고 생각했던 인간의 존재가 은하에서는 주변부의 티끌이나 먼지와도 같은 존재라는 것이 밝혀진 것이지요.

우리 은하의 외부에는 수많은 다른 은하들이 존재합니다. 혹시 〈은하철도 999〉라는 만화영화에 대해 들은 적이 있나요? 주인공은 영원히 죽지 않는 기계의 몸을 얻기 위해 기차를 타고 여행을 하는 지구에서 300만 광년 가량 떨어져 있는 삼각형자리 은하.

데, 이 여행의 종착역은 바로 **안드로메다 은하**[*]입니다. 안드로메다 은하는 우리 은하에서 가장 가까운 외계 은하로서 우리 은하와 마찬가지로 나선형의 모양을 띠고 있습니다. 안드로메다 은하는 공상과학 소설이나 영화에서 새로운 외계 생명체가 존재하는 곳으로 자주 등장하지요.

우리 은하나 안드로메다 은하가 수천 개 이상 모이면 초은하단을 형성합니다. 과학자들은 초은하단이 우주에서 가장 큰, 그리고 복잡한 구조일 것이라고 생각합니다. 수천억 개의 별들이 모여 은하를 형성하고, 수천 개의 은하들이 모여 은하단을 형성하며, 다시 수천 개의 은하단이 모여 초은하단을 형성하지요. 그리고 우주는 계속 팽창합니다.

차갑고 어두운 우주에 등장한 새롭고 복잡한 현상이 바로 별의 탄생입니다. 질량에 따라 서로 다른 크기의 별이 태어나고, 서로 다른 구조가 나타났습니다. 별이 탄생하면서 우주는 좀 더 복잡해졌지요. 별의 탄생이 빅 히스토리의 중요한 임계국면이 될 수 있는 이유가 바로 여기에 있습니다.

알아 두면 유용한 용어

★ **갈릴레이** Galileo Galilei (1564~1642)
이탈리아의 천문학자이자 수학자, 물리학자. 망원경을 제작해서 목성의 위성을 발견했으며, 태양이 우주의 중심이고 나머지 행성들이 태양의 주변을 돌고 있다는 지동설을 주장했다.

★ **WMAP 위성**
공식 명칭은 윌킨스 마이크로파 관측위성 Wilkinson Microwave Anisotropy Probe이다. 우주배경복사를 관찰하기 위해 2001년에 미국항공우주국 NASA에서 발사했다. WMAP 위성의 관측 데이터를 활용해 초기 우주의 아주 작은 온도 차이나 암흑물질과 암흑에너지의 존재 등을 알 수 있게 되었다.

★ **미수** 尾宿
동아시아에서는 적도를 따라 남쪽과 북쪽에 있는 별들을 28개의 구역으로 나누어 구분했다. 미수는 28수 가운데 하나로서 전갈자리의 꼬리 부분에 해당한다.

★ **세성** 歲星
목성의 또 다른 이름. 중국에서는 목성이 12개로 구분한 하늘의 구획을 1년에 하나씩 거쳐 간다고 생각했기 때문에 목성을 이와 같이 불렀다.

★ **블랙홀**

천체의 밀도가 매우 높아져서 빛조차도 빠져 나오지 못하는 천체. 1961년부터 블랙홀이라고 부르기 시작했다. 태양보다 질량이 3배 이상 큰 별의 수명이 다했을 때 블랙홀이 된다.

★ **대류 영역**

가열하면 뜨거운 것이 위로 올라가고 차가운 것이 아래로 내려오는 것처럼, 물질이 직접 움직여 열을 전해 주고 온도가 올라가는 영역.

★ **복사 영역**

중간에 전달해 주는 물질이 없어도 열이 이동하는 영역.

★ **안드로메다 은하**

우리 은하와 가까운 외계 은하. 우리 은하처럼 나선 은하이다. 미국의 천문학자인 에드윈 허블Edwin Hubble은 안드로메다 은하가 우리 은하와 비슷한 규모이지만 은하계 밖에 존재한다는 사실을 발견했다.

안드로메다 은하

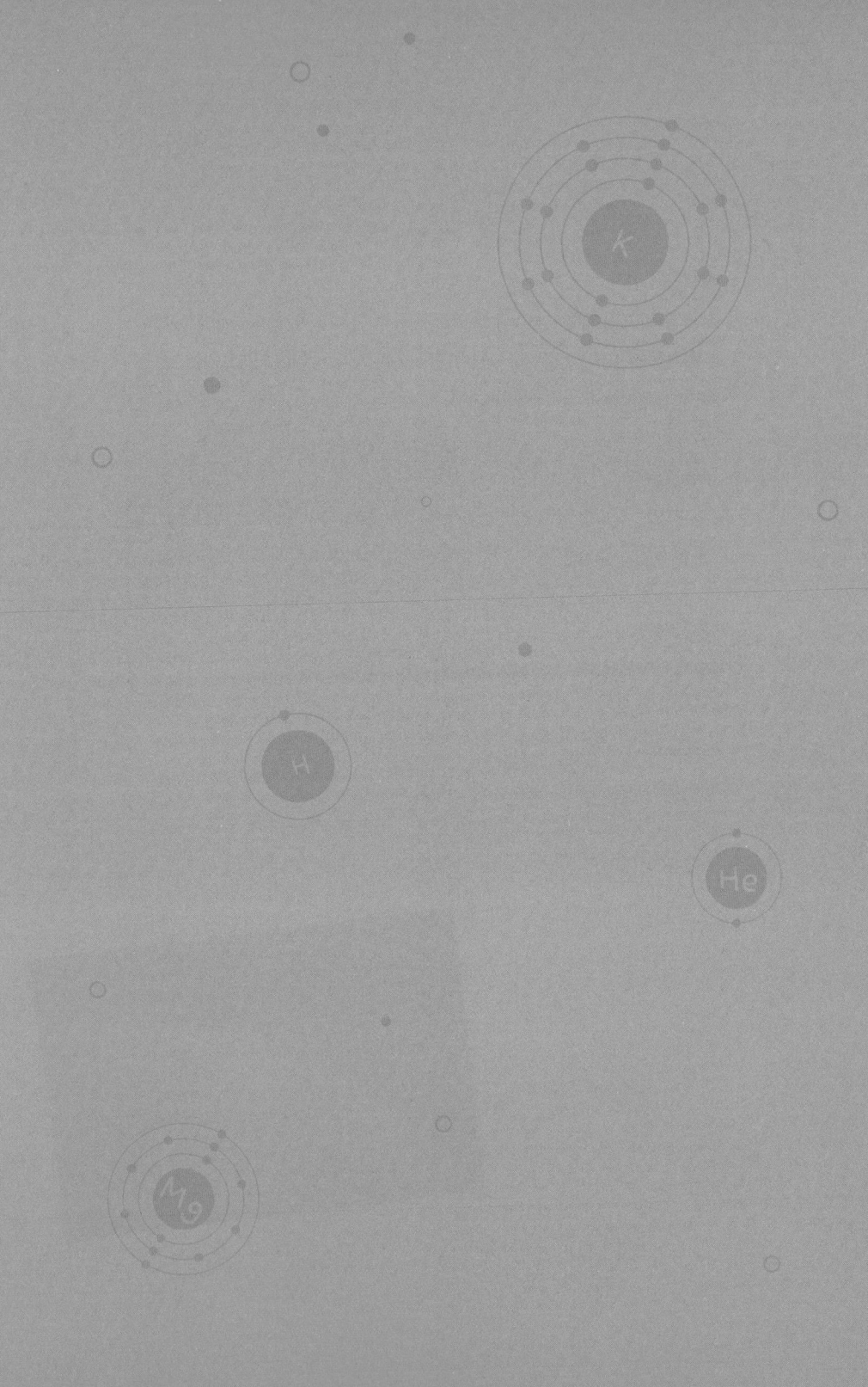

4
원소의 탄생과 다양성

원소는 어떻게 만들어졌을까?

원소로 이루어진 세상

무더운 여름이 되면 많은 사람들이 더위를 식혀 줄 시원한 음식을 찾곤 합니다. 사람들에게 인기가 많은 것 중 하나는 팥빙수입니다. 팥은 열을 내려 주고, 몸의 독을 풀어 주는 효능이 있죠. 특히 우유를 얼려서 만든 눈꽃빙수는 입에 넣자마자 사르르 녹기 때문에 누구나 즐겨 먹곤 합니다.

팥빙수는 팥과 얼음으로 구성되어 있습니다. 어떤 사람들은 과일이나 떡, 견과류를 넣기도 하고, 단맛을 더하기 위해 우유를 바짝 졸인 연유를 넣기도 합니다. 아이스크림을 넣어 팥빙수를 즐기는 사람들도 있지요. 팥은 주로 탄수화물로 구성되어 있는데, 탄수화물은 다시 탄소, 수소, 산소로 이루어져 있습니다. 이와 같이 더 이상 다른 물질로 나눌 수 없는 것을 과학자들은 원소라고 부릅니다. 결국 팥은 탄소, 수소, 산소 등의 원소로 이루어진 셈입니다. 얼음은 단단한 상태의 물인데, 수소와 산소로 이루어져 있답니다.

여기에서 우리는 한 가지 재미있는 사실을 발견할 수 있습니다. 팥빙수를 만드는 팥과 얼음이 둘 다 수소와 산소 등의 원소들로 이루어져 있다는 사실입니다. 원소로 이루어진 것은 팥과 얼음뿐만이 아니랍니다. 우리 주변의 동물이나 식물들 역시 수소, 산소, 탄소, 질소 등의 원소로 이루어져 있고, 인간도 마찬가지입니다. 더위를 잊게 해주는 시원한 팥빙수나 다양한 생명체들, 그리고 인간은 기본적으로 수소, 산소, 탄소 등과 같은 공통된 원소들을 가지고 있습니다. 하지만 어떤 방식으로 결합하는가에 따라 서로 다른 모습과 특징을 가지게 됩니다.

수소와 헬륨의 탄생

그렇다면 원소들은 언제, 그리고 어떻게 만들어졌을까요? 우주에서 가장 먼저 나타났던 원소는 바로 수소입니다. 빅뱅 이후 38만 년이 지나자 양성자와 전자가 결합할 수 있을 정도로 우주의 온도가 낮아지기 시작했습니다. 양성자와 전자가 만나서 원자를 이루었고, 가장 가벼운 물질인 수소가 나타났습니다. 그리고 별은 수소를 이용해 반짝반짝 빛을 내기 시작했습니다.

그런데 수소를 이용하여 할 수 있는 것은 생각만큼 많지 않았습니다. 그래서 시간이 흐르자 수소 원자들끼리 융합*하게 되었지요. 그 결과, 헬륨이라는 새로운 원소가 만들어졌습니다. 이전에는 없었던 새로운 원소입니다. 이후 리튬, 베릴륨, 붕소라는 새로운 원소도 만들어졌지만, 이러한 원소들의 상태는 매우 불안정했고, 그 양도 아주 적었습니다. 결국 우주에 가장 많이 존재할 수 있었던 원소는 바로 수소와 헬륨이었지요.

수소와 헬륨은 이제 여러 가지 방식으로 결합하기 시작했습니다. 그리고 그 결과, 새로운 원소들이 탄생하게

83

되었답니다. 한 가지 재미있는 사실은 바로 별에서 수소와 헬륨이 결합했다는 것입니다. 별은 수소와 헬륨뿐 아니라 새로운 원소들이 탄생하는 곳이었습니다. 그리고 별에서 태어난 새로운 원소들이 다양한 방식으로 결합하면서 오늘날 우리 주변에서 볼 수 있는 수많은 것들이 나타나게 되었습니다. 학교에 가면 쉽게 볼 수 있는 책상이나 의자, 칠판, 교과서, 교실의 화분, 친구들과 선생님, 이 모든 것들이 바로 별에서 만들어진 원소들의 결합 덕분에 나타나게 된 것이랍니다.

새로운 원소의 탄생

그렇다면 별에서 수소와 헬륨을 제외한 나머지 원소들은 어떻게 만들어질까요? 우리는 이미 아주 작은 온도 차이에 따라 어떤 부분에서는 중력이 좀 더 많이 작용해서 물질들이 모이게 되고, 별이 탄생한다는 사실을 알고 있습니다. 별의 온도가 높아지자 별에서는 수소와 헬륨 말고도 여러 가지 원소들이 만들어지기 시작했습니다.

온도가 높아지면 수소를 구성하는 양성자는 엄청난 에너지를 가지게 됩니다. 그리고 서로 격렬하게 부딪히다가 융합되지요. 수소 양성자들이 융합해서 만들어진 것이 바로 헬륨 핵입니다. 우리가 가장 잘 알고 있는 별인 태양에서도 이러한 현상이 발생합니다. 태양의 중심 온도는 1500만 도 이상이기 때문에 수소 양성자들이 융합해서 헬륨을 만들 수 있지요. 하지만 헬륨 양성자들이 융합할 수 있는 온도까지 올라가지 못하기 때문에 태양에서는 수소와 헬륨만 만들어진답니다.

별의 온도가 점점 더 높아져서 약 2억 도에 이르면 이제 헬륨 양성자들이 융합되기 시작합니다. 그리고 태양에서는 만들어지지 않는 새로운 원소가 탄생하게 되었습니다. 바로 팥빙수와 인간이 공통으

로 가지고 있는 원소인 탄소이지요. 태양보다 질량이 큰 별에서는 차례대로 새로운 원소들이 만들어졌습니다. 탄소 다음에는 네온, 그 다음에는 산소가 만들어졌답니다. 우리 생활에 꼭 필요한 물은 바로 이때 만들어진 산소와 수소가 결합해서 만들어진 물질이랍니다. 그리고 온도가 높아질수록 우주에는 새로운 원소들이 나타나기 시작했습니다.

초신성 폭발과 무거운 원소

태양처럼 질량이 작은 별에서는 수소나 헬륨과 같은 기본적인 원소들만 만들 수 있답니다. 하지만 질량이 큰 별에서는 더 많은 원소들을 만들 수 있습니다. 산소가 만들어진 다음, 규소와 철이 만들어졌습니다. 철은 우주의 온도가 약 30억 도였을 때 만들어진 원소입니다. 질량이 큰 별은 에너지를 내기 위해 철을 사용합니다. 그리고 철

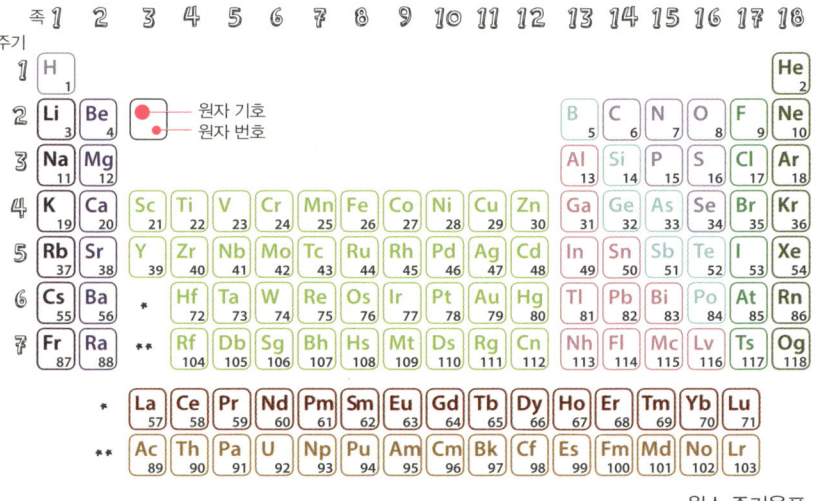

원소 주기율표.

을 다 사용하면 별은 폭발하지요. 이때 엄청난 에너지가 발생하면서 철보다 더 무거운 원소들이 만들어집니다. 그리고 지금까지 만들어진 다양한 원소들이 우주 전체에 퍼지게 되었습니다.

초신성 폭발 이후 더 많은 원소들이 만들어졌습니다. 이와 같이 별에서 만들어진 원소를 원자핵의 양성자 개수와 특성에 따라 나열한 것을 과학자들은 원소 주기율표라고 부릅니다. 원소 주기율표는 19세기 중반에 처음 사용되기 시작했는데, 그때 발견된 원소는 많지 않았습니다. 점점 많은 원소들이 발견되면서 오늘날 우리가 알고 있는 원소 주기율표가 만들어졌습니다.

주기율표를 처음 만든 사람은 러시아의 과학자였던 드미트리 멘델레예프*였습니다. 그는 원소들을 나열하면서 원소들 사이의 관련성을 설명했습니다. 뿐만 아니라 멘델레예프는 모든 원소를 발견했다는 당시 과학자들의 주장과는 달리 아직 발견되지 않은 원소가 있을 것이라고 생각하여 주기율표에 빈 공간을 마련해 두었답니다. 당시에는 그의 연구를 많은 과학자들이 비웃었지만, 이후 새로운 원소들이 발견되자, 그에 대한 비판은 쏙 들어갔지요. 별에서 만들어지는 원소를 이해하고 설명하는 빅 히스토리에서는 멘델레예프의 업적은 매우 중요하답니다.

별에서 온 모든 것들

인간이 죽으면 별이 된다고 믿었던 고흐에게는 폴 고갱Paul Gauguin이라는 친한 친구가 있었습니다. 그 역시 화가였는데, 고흐처럼 별을 즐겨 그리지는 않았지만 오늘날 우리에게 매우 중요한 메시지를 전해주는 그림 한 장을 그렸습니다. 바로 〈우리는 어디서 왔는가? 우리는 누구인가? 우리는 어디로 가는가?Where do we come from? What are we? Where are we going?〉입니다. 건강도 나쁘고, 생활도 어렵고, 심지어 사

폴 고갱, 〈우리는 어디서 왔는가? 우리는 누구인가? 우리는 어디로 가는가?〉(1897).

랑하는 딸이 죽자 그는 매우 힘든 시간을 보냈습니다. 그런 상황에서 최선을 다해 그린 그림이 바로 이 그림입니다.

  이 그림은 인간의 탄생과 삶, 그리고 죽음을 보여 주고 있습니다. 우리는 누워 있는 아기와 과일을 따고 있는 사람, 그리고 괴로워하고 힘들어하는 사람의 모습을 볼 수 있습니다. 이런 사람들의 모습에서 우리는 고갱이 이 그림을 통해 무엇을 이야기하고자 했는지 짐작할 수 있지요.

  그러면 탄생과 삶, 그리고 죽음은 과연 인간에게만 나타나는 현상일까요? 우리는 수소와 헬륨밖에 없었던 초기 우주에서 원소들이 탄생했다는 사실을 알고 있습니다. 그리고 원소들의 고향인 별이 태어나고 성장하고, 그리고 죽는 과정에 대해서도 잘 알게 되었지요. 인간뿐 아니라 이 세상의 모든 것들은 고갱의 그림에서 보여 주는 것처럼 탄생과 삶, 그리고 죽음을 경험합니다. 그리고 이 모든 것들은 바로 원소의 결합으로 만들어진 것입니다.

다시 말해 원소들은 오늘날 우리 주변에 수많은 것들을 만드는 재료입니다. 만약 이러한 원소들이 탄생하지 않았다면 우리의 세상은 과연 어떤 모습일까요? 수소와 헬륨을 만드는 대표적인 별은 바로 태양입니다. 태양보다 질량이 큰 별이 없었다면, 그리고 그런 별들에서 무겁고 다양한 원소들이 만들어지지 않았다면 오늘날의 세상과 우주는 가스 덩어리인 태양과 비슷하겠지요?

태양에는 수소와 헬륨밖에 없습니다. 하지만 태양으로부터 에너지를 얻고 있는 지구는 전혀 다르지요. 지구의 표면에는 산소와 규소가 많고, 중심핵에는 철과 니켈이 많습니다. 그리고 대기에는 산소와 질소가 많습니다. 이와 같이 지구에는 태양보다 훨씬 다양한 원소들이 있습니다. 다양한 원소들이 여러 가지 방식들로 결합하면서 태양에서는 결코 나타날 수 없는 새로운 것들이 탄생하게 되었습니다. 바로 고갱의 그림 속에 등장하는 수많은 생명체들과 무생물, 그리고 인간이지요.

빅뱅 이후 낮아졌던 우주의 온도가 다시 높아지면서 별이 탄생했고, 이제 별에서는 수소와 헬륨뿐 아니라 새로운 원소들도 만들어졌습니다. 비율은 매우 낮지만, 새로운 원소들이 만들어지면서 우주는 점점 더 복잡해지기 시작했습니다. 별에서 만들어진 다양한 원소들로 인간과 우리 주변의 모든 것들이 만들어졌답니다. 그래서 인간을 비롯한 생명체와 물건은 모두 별에서 온 존재입니다. 별에서 만들어진 원소가 빅 히스토리의 중요한 임계국면이 될 수 있는 이유가 바로 여기에 있답니다.

알아 두면 유용한 용어

★ **융합**
원자핵끼리 또는 원자핵과 입자가 결합하여 하나의 원자핵이 되는 현상.

★ **드미트리 멘델레예프** Dmitri Mendeleev(1834~1907)
러시아의 화학자. 원소나 물질, 화합물 등에서 여러 가지 성질과 관련성을 연구하여 원소의 주기율을 발견했다.

원소들을 체계적으로 분류하면 명확한 주기성을 보여 줄 거야……

드미트리 멘델레예프

5
태양계와 지구의 탄생

우리 태양계는 어떻게 만들어졌을까?

태양과 달, 그리고 세상의 중심인 지구

옛날에 어머니와 남매가 살고 있었습니다. 어느 날 건너 마을에서 일하고 돌아오는 길에 어머니는 호랑이를 만났습니다. 호랑이는 어머니를 잡아먹었고, 남매마저 잡아먹으려고 했지요. 그래서 어머니의 옷을 입고, 어머니의 목소리를 흉내 내면서 남매에게 문을 열어 달라고 했습니다. 하지만 영리한 남매는 어머니가 아니라는 사실을 알아차리고 얼른 뒷문으로 나가 나무 위로 도망갔습니다. 호랑이는 아이들을 잡아먹기 위해 도끼로 나무를 찍기 시작했고, 남매는 하느님께 살려 달라고 빌었습니다. 그러자 하늘에서 동아줄이 내려와 남매는 하늘로 올라갔고, 이후 오빠는 달이, 그리고 누이동생은 해가 되었답니다. 바로 여러분도 잘 알고 있는 '해와 달이 된 오누이' 이야기입니다.

게르만* 신화에는 지구의 탄생과 관련된 이야기가 있습니다. 하늘도, 땅도, 그리고 바다도 없었던 시절에 거인이 나타났고, 거인이 지배하는 세상이 등장했습니다. 이후 세 명의 신이 나타나 힘을 합쳐 이 거인을 쓰러뜨렸습니다. 그리고 거인의 몸을 이용해 새로운 세계

를 만들었습니다. 거인의 피는 바다가 되었고, 거인의 살은 땅이 되었으며, 뼈는 산이 되었습니다. 특히 땅을 둥근 모양으로 만들고 그 주변을 바다로 둘러쌌는데, 그것이 바로 우리가 살고 있는 오늘날의 지구랍니다.

　오랫동안 사람들은 세상의 중심이 바로 지구라고 믿었습니다. 이러한 믿음은 기원전 4세기경 그리스의 유명한 철학자였던 아리스토텔레스에 의해 더욱 강해졌지요. 약 2000년 동안 사람들은 그의 주장이 옳다고 생각했습니다. 아리스토텔레스는 우주가 서로 다른 두 개의 세계로 이루어져 있다고 생각했답니다. 그는 이 두 세계를 지상계와 천상계라고 불렀습니다. 하지만 두 개의 세계는 공통점을 찾을 수 없었던, 전혀 다른 세계였지요.

　아리스토텔레스는 지상계를 구성하는 물질은 그 모습이 변한다고 생각했습니다. 따라서 그에게 지상계는 완벽하지 않은 세계였답니다. 하지만 천상계는 그야말로 완벽한 세계였습니다. 아리스토텔레스는 태양과 달, 그리고 모든 별들은 에테르* 라는 한 가지 물질로 만들어졌다고 했습니다. 그래서 물질의 모양과 상태가 변하는 지상계와는 달리, 태양이나 달이나 별은 그 모양이 변하지 않는다고 생각했습니다.

　오늘날 과학적 증거들에 따르면, 2000년 동안 사람들이 믿었던 아리스토텔레스의 우주론은 잘못된 것입니다. 하지만 지구를 세상의

아주 오래전부터 인류는 우주 밖에 무엇이 있을지 궁금해했다.

중심이라고 생각했고, 태양과 달, 그리고 별들이 규칙적인 운동을 한다고 했던 그의 주장은 오랫동안 눈으로 하늘을 관찰했던 인간의 경험에서 비롯된 것이었습니다. 과학 기술이나 도구가 발달하지 못했던 당시 세상에서 가장 믿을 만한 것이었지요.

우주관의 변화

16세기가 되자 아리스토텔레스의 우주관에 반대하는 사람들이 나타났습니다. 이들은 지구가 우주의 중심이고, 태양이 지구의 주위를 돌고 있다는 아리스토텔레스의 주장에 의문을 품기 시작했습니다. 그중 한 사람이 바로 폴란드의 천문학자 니콜라우스 코페르니쿠스*였습니다. 어느 날 코페르니쿠스는 행성을 관찰하다가 수성이나 금성의 운동 방식과 화성의 운동 방식이 다르다는 것을 발견했습니다. 그는 지구가 우주의 중심이라면 수성, 금성, 화성은 똑같은 방식으로 운동해야 한다고 생각했지요. 이 문제를 해결하기 위해 코페르니쿠스는 우주의 중심에 지구 대신 태양을 놓았습니다. 그리고 자신의 책에서 지구는 우주의 중심이 아니며, 지구가 태양의 주위를 돈다는 지동설을 주장했습니다.

당시 코페르니쿠스의 주장은 깜짝 놀랄 만한 것이었습니다. 2000년 동안 수많은 사람들이 믿었던 우주관은 심각한 위협을 받았지요. 많은 사람들이 코페르니쿠스가 제정신이 아니라고 생각했습니다. 하지만 그의 주장은 이탈리아의 유명한 과학자였던 갈릴레오 갈릴레이 Galileo Galilei 덕분에 더욱 설득력을 얻게 되었습니다. 갈릴레이가 자신이 발명한 망원경으로 모습이 변하는 금성을 관찰했기 때문이지요. 관찰로 얻게 된 새로운 증거들은 더 이상 지구가 우주의 중심이 아니라는 사실을 분명하게 보여 주었습니다.

사실 지구가 태양의 주위를 돈다는 내용의 지동설은 코페르니쿠스가 처음 주장했던 것이 아니랍니다. 이미 기원전 3세기에 그리스의 천문학자였던 아리스타르코스*는 태양이 세상의 중심이라고 생각했습니다. 그리고 지구가 자전축(지구의 북극과 남극을 연결한 직선)을 중심으로 스스로 하루에 한 바퀴씩 돌면서 태양의 주위를 돈다고

태양이 세상의 중심이다!

월식. 태양과 달 사이에 지구가 위치하고 있기 때문에 나타나는 현상이다.

주장했습니다. 오늘날 우리가 알고 있는 사실과 매우 비슷하지요. 하지만 당시 대부분의 사람들은 세상이 평평하다고 생각했거나 신화에 등장하는 아틀라스*라는 거대한 거인이 세상을 떠받치고 있다고 생각했기 때문에 아리스타르코스의 주장은 무시되었답니다.

흥미로운 사실은 우리나라에도 지동설을 주장했던 과학자가 있었다는 것입니다. 세종대왕 때의 과학자였던 이순지*는 월식(달이 지구의 그림자에 가려지는 현상)을 관찰했는데, 달에 비치는 그림자가 바로 지구의 그림자라고 생각했습니다. 그리고 이와 같은 관찰을 통해 이순지는 지구가 둥글다고 주장했습니다. 또한 그는 지구가 태양의 주위를 돈다고 생각했습니다. 월식은 태양과 달 사이에 지구가 위치하고 있기 때문에 나타나는 현상입니다. 지구가 우주의 중심이라면 결코 나타날 수 없는 것이지요. 놀랍게도 이순지의 주장은 코페르니쿠스보다 약 100년 정도 앞선 주장이었습니다.

태양계의 별과 행성

　태양과 지구, 그리고 다른 행성들은 언제, 어떻게 만들어졌을까요? 태양계에는 지구를 포함해 여덟 개의 행성들이 있습니다. 그리고 이 행성들은 모두 태양의 주위를 돌고 있지요. 여기에는 행성보다 크기가 작은 소행성(행성보다 작으며 태양의 주변을 공전하는 작은 천체)도 포함되어 있답니다. 그렇다면 태양과 행성들, 그리고 소행성이 어떻게 탄생했는지 과학적 증거들을 바탕으로 그 기원을 한번 살펴볼까요?

태양은 약 45억 년 전에 탄생했습니다. 초신성이 폭발하면서 나타났지요. 초신성이 폭발한 이후 중력 때문에 주변의 먼지나 가스들은 서로 끌어당기기 시작했습니다. 중력이 커질수록 먼지나 가스 덩어리의 질량도 점점 커졌답니다. 이러한 과정들이 되풀이되면서 어느 순간부터 덩어리가 회전하기 시작했습니다. 그리고 납작한 원반 모양이 만들어졌는데, 이때 원반의 중심 부분에 엄청나게 많은 물질들이 모이게 되었습니다. 이렇게 모인 물질 가운데 99.9%가 태양을 만드는 데 사용되었고, 나머지 0.1%의 물질들로 지구와 다른 행성들이 만들어졌습니다.

0.1%의 물질들 가운데 가벼운 물질들은 태양에서 나오는 엄청난 에너지 때문에 멀리 날아가 버렸습니다. 가장 먼저 만들어진 원소인 수소와 헬륨은 매우 가벼웠기 때문에 아주 멀리 날아가 버렸지요. 그리고 태양으로부터 멀리 떨어진 곳에서 서로 결합해서 행성을 만들었습니다. 과학자들은 이러한 행성들을 기체 행성이라고 부릅니다. 가벼운 기체들로 이루어졌기 때문입니다. 태양계의 행성 가운데 목성, 토성, 천왕성, 해왕성이 바로 기체 행성입니다. 이들은 매우 크지만 가벼운 물질들로 구성되어 있기 때문에 지구보다 훨씬 밀도가 낮습니다.

목성은 태양계에서 가장 큰 행성입니다. 많은 위성을 가지고 있는 것으로 유명하지요. 과학자들은 가장 크고 밝은 네 개의 위성을 갈

태양계에서 가장 큰 행성인 목성. 아래에 목성의 위성인 가니메데가 보인다.
목성의 위성으로는 이오, 유로파, 가니메데, 칼리스토가 있다.

©NASA

아름다운 고리를 지닌 토성.

릴레이 위성이라고 부릅니다. 갈릴레이가 망원경으로 발견했기 때문이지요. 갈릴레이는 자신을 경제적으로 도와주었던 페르디난도 2세 데 메디치Ferdinand II de Medici 공에게 고마움을 표시하기 위해 이 위성을 '메디치 가의 별'이라고 부르기도 했답니다.

아름다운 고리를 가지고 있는 토성도 목성처럼 위성을 가지고 있습니다. 이 중 타이탄이라는 위성에는 짙은 대기와 바다가 있지요. 지구의 바다는 수소와 산소로 만들어진 액체 상태의 물로 이루어져 있습니다. 타이탄의 바다는 탄소와 수소로 만들어진 액체로 이루어져

생명체가 살지도 몰라!

타이탄의 바다.

있습니다. 그래서 많은 과학자들은 바로 이곳에 생명체가 존재할지도 모른다는 기대를 하고 있답니다.

푸른색으로 빛나는 천왕성은 다른 행성들보다 자전축이 더 많이 기울어져 있습니다. 과학자들은 엄청난 충돌 때문이라고 생각합니다.

태양계에서 가장 바깥쪽에 위치한 행성은 바로 해왕성입니다. 사실, 천왕성이나 해왕성은 태양에서 아주 멀리 떨어져 있습니다. 따라서 태양의 주위를 한 바퀴 도는 데 수십 년에서 백 년 이상의 시간이 걸립니다. 지구가 태양의 주위를 한 바퀴 도는 데 1년이 걸리는 것과 비교한다면 매우 오래 걸리지요. 너무 멀리 떨어져 있기 때문에 태양에너지도 많이 받지 못합니다. 그래서 과학자들은 이 행성들에 생명체가 존재하지 않을 것이라고 생각하고 있습니다.

약 45억 년 전에 초신성이 폭발한 이후 대부분의 물질들이 태양을 만드는 데 사용되었고, 남은 0.1%의 물질들 가운데 99%는 기체 행성을 만드는 데 사용되었답니다. 이제 남은 것은 기체 행성을 만드는 데 사용되지 않았던 0.001%의 물질들입니다. 매우 적은 양의 물질들이지요. 이러한 물질들은 수소나 헬륨보다 더 무거웠기 때문에 멀리 날아가지 못했습니다. 태양과 가까운 곳에서 서로 뭉쳐 단단한 행성들을 만들었는데, 이것이 바로 암석 행성입니다.

태양계에서는 수성, 금성, 지구, 화성이 암석 행성에 해당합니다. 수성은 태양과 가장 가깝기 때문에 한밤중에는 볼 수 없습니다. 대

물의 흔적을 보여 주는 화성.

신, 저녁과 새벽에만 잠깐 볼 수 있지요. 그래서 고대 그리스에서는 저녁에 보이는 수성을 헤르메스, 새벽에 보이는 수성을 아폴로라고 부르면서 다른 별로 생각하기도 했답니다. 금성은 새벽에 동쪽 하늘에서, 그리고 초저녁에 서쪽 하늘에서 볼 수 있기 때문에 우리나라에서는 샛별이라는 이름으로 불립니다. 화성은 최근에 많은 과학자들이 관심을 가지고 있는 행성이랍니다. 물이나 바다의 흔적이 있기 때문에 생명체의 존재 가능성에 대한 활발한 탐사와 관찰이 이루어지고 있지요.

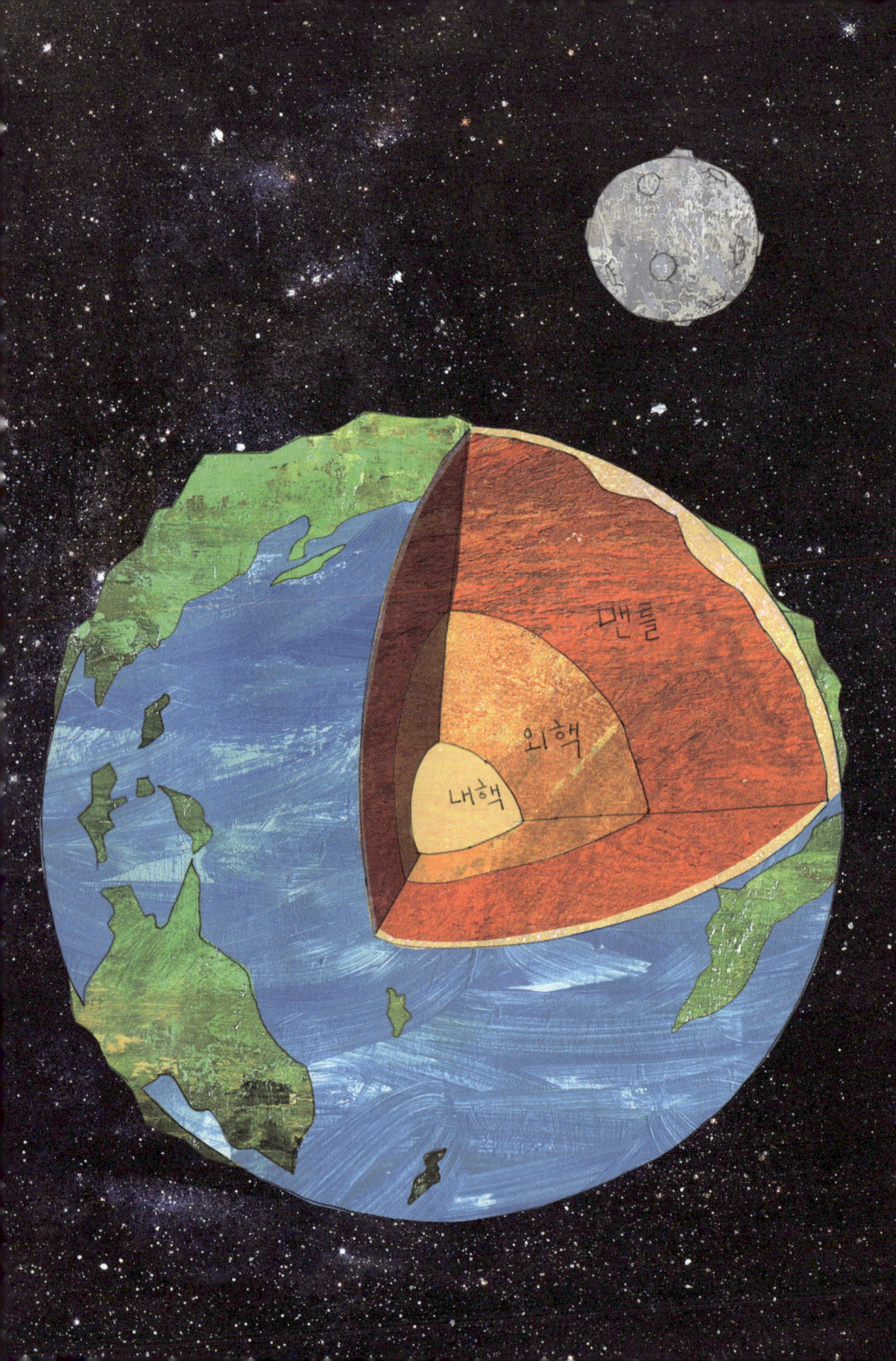

생명체의 터전, 지구

태양계의 행성들 가운데 우리에게 가장 중요한 행성은 바로 지구입니다. 인간을 비롯한 모든 생명체에게 삶의 터전이기 때문이지요. 약 45억 년 전에 태양이 만들어질 때 수소나 헬륨처럼 멀리 날아가지 못했던 무거운 원소들과 우주의 먼지들이 서로 결합해서 만들어진 것이 바로 초기 지구입니다. 지구의 중력이 커지면서 더 많은 물질들을 끌어당겼고, 크기도 점점 커졌지요. 크기가 커지면서 때로는 운석이나 소행성들과 충돌하기도 했습니다. 이러한 과정에서 탄생한 것이 바로 달입니다. 보름달이 환하게 비출 때, 우리는 달 표면의 분화구를 볼 수 있는데, 바로 이와 같은 소행성 충돌 때문에 분화구가 만들어진 것이랍니다.

시간이 흐르면서 지구의 안정적인 구조가 만들어졌습니다. 액체 상태로 녹아 있던 철이나 니켈과 같이 무거운 원소들은 가라앉아 지구의 중심핵을 구성했습니다. 그리고 식으면서 암석으로 변했는데, 이런 암석들로 이루어진 것이 맨틀이랍니다. 지구의 지각과 핵 사이의 부분을 맨틀이라고 하지요. 맨틀을 이루는 암석에는 철이나 마그네

슘처럼 무거운 원소들이 많습니다. 산소나 규소처럼 좀 더 가벼운 원소들로 이루어진 암석들은 지구의 표면을 둘러싸는 지각이 되었습니다. 운석이나 소행성이 지구와 충돌하면서 물이나 이산화탄소가 만들어졌는데, 이는 지구의 대기를 이루었지요.

초기 지구는 매우 뜨거웠습니다. 태양이 탄생하기 직전에 발생했던 초신성 폭발 때문입니다. 우리는 초신성이 폭발한 이후에 물질들이 모이면서 중력이 강해지고 온도가 높아진다는 사실을 알고 있습니다. 운석이나 소행성이 지구와 부딪히면서 엄청난 열이 발생했지요. 그래서 초기 지구에서는 모든 것이 다 녹아 버렸답니다. 마치 더위에 녹아서 끈적거리는 아이스크림처럼 말이죠. 그러다가 점점 지구의 온도가 낮아지기 시작했습니다. 기체 상태의 수증기가 액체 상태인 비로 변하면서 엄청난 양의 비가 내렸습니다. 그 결과, 바다가 형성되었답니다. 바다 덕분에 지구는 다른 행성들과 다른 모습으로 변할 수 있었습니다.

너무 뜨거워서 모든 것이 다 녹아 버릴 수밖에 없었던 초기 지구의 모습, 그리고 엄청난 양의 비가 내려 다른 행성에서는 볼 수 없던 거대한 바다가 나타난 지구, 상상이 되나요? 오늘날 우리가 알고 있는 지구의 모습과는 매우 다르지요. 사실, 지구의 모습은 계속 변했답니다. 과학자들은 지층 연구를 통해 과거의 지구와 오늘날 지구의 모습이 매우 달랐다는 사실을 알게 되었습니다. 독일의 과학자였던 알프

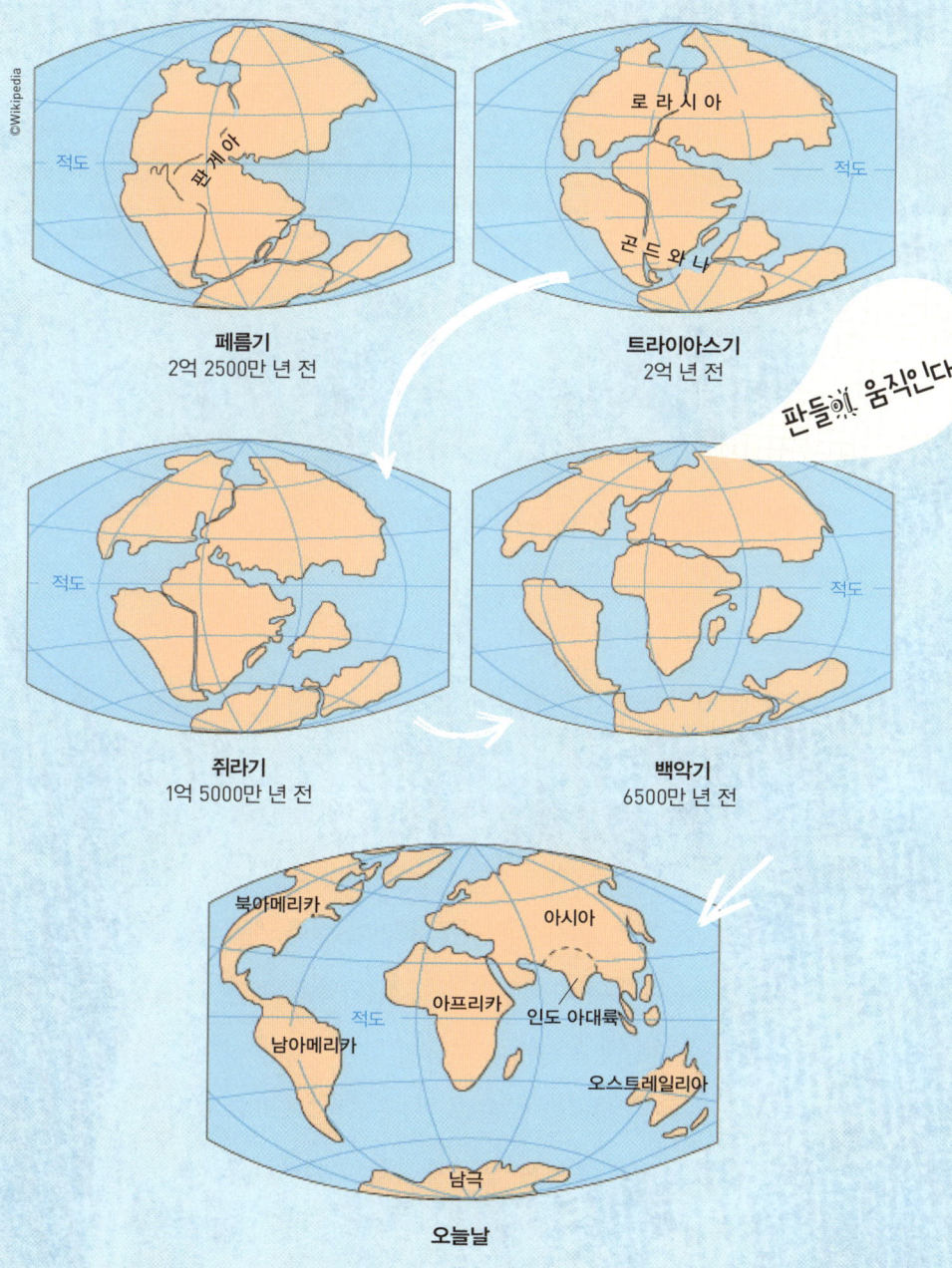

레드 베게너*는 지구의 모든 대륙이 하나의 거대한 대륙으로 연결되어 있었다고 주장하기도 했습니다. 그는 이 거대한 대륙을 판게아pangea라고 불렀습니다.

　베게너는 거대한 판게아에서 여러 대륙들이 갈라져 나왔다고 주장했습니다. 그리고 조금씩 움직이면서 오늘날과 비슷한 모습이 되었다고 생각했지요. 당시 많은 사람들은 그의 주장을 무시하거나 비웃었습니다. 심지어 그의 가족들조차 베게너의 주장을 믿지 않았지요. 하지만 이후 과학자들은 베게너의 주장이 옳다는 사실을 보여 주는 과학적 증거들을 발견했습니다. 지구 표면이 여러 개의 판으로 구성되어 있으며, 이 판들이 움직인다는 사실을 알게 된 것입니다. 그리고 판의 움직임 때문에 지진이나 화산이 나타난다는 사실도 알게 되었지요. 과학자들은 이러한 이론을 판 구조론*이라고 부릅니다. 판 구조론은 지금은 멀리 떨어져 있는 대륙들의 해안선이 서로 잘 들어맞는 이유를 설명해 줄 수 있었습니다. 그리고 이런 대륙들의 해안선

　은 베게너가 주장했던 판게아의 존재를 보여 주는 중요한 과학적 증거가 되었답니다.

　아무것도 발견할 수 없었던 우주에서 빅뱅이 나타나고, 별과 원소가 등장하면서 우주는 점점 더 복잡해지기 시작했습니다. 그리고 약 45억 년 전에 나타났던 초신성 폭발 이후 태양과 지구를 비롯한 여러 행성들이 탄생했습니다. 다양한 원소들과 물질들이 중력이나 온도 차이 등과 같은 골디락스 조건들과 만나면서 이전의 우주에는 없었던 새로운 것이 나타난 것입니다. 새로운 복잡성이 나타난 것이라고 할 수 있는 '태양계의 탄생'은 빅 히스토리의 네 번째 임계국면입니다.

알아 두면 유용한 용어

★ **게르만**
게르만 어를 사용하는 사람들이 살고 있던 지역. 오늘날 스칸디나비아 반도와 독일 북부 지역으로서 밀빵이나 보리 맥주를 만들어 먹었으며, 자연을 숭배했다.

★ **에테르**
맑고 깨끗한 대기를 의미하는 용어. 많은 과학자들은 빛의 파동을 전파하는 물질이라고 믿었지만 여러 가지 과학적 실험들을 통해 에테르는 더 이상 존재하지 않는 물질임이 밝혀졌다.

★ **니콜라우스 코페르니쿠스** Nicolaus Copernicus (1473~1543)
폴란드의 천문학자. 1543년에 〈천구의 회전에 관하여〉라는 저서에서 천동설을 반대했다. 천동설은 약 2000년 동안 유럽을 지배했던 우주관으로서 우주의 중심이 바로 지구라고 주장했다. 그러나 코페르니쿠스는 자신의 저서에서 우주의 중심은 바로 태양이며, 지구를 비롯한 천체들이 태양의 주변을 돌고 있다는 지동설을 제시함으로써 당시 유럽인들의 우주관과 세계관의 변화에 큰 영향을 미쳤다.

★ **아리스타르코스** Aristarchos (?~기원전 230)
고대 그리스의 천문학자이자 수학자. 최초로 지동설을 주장했다.

★ **아틀라스**Atlas
그리스 신화에 등장하는 거인 신. 그 일족이 제우스와 싸워 패하자 하늘을 떠받치는 벌을 받았다.

★ **이순지**李純之(1406~1465)
조선 전기의 천문학자. 세종 때 천체의 움직임을 관찰하고 계산하여 달력을 제작했고, 여러 가지 천문학 이론을 정비했다.

★ **알프레드 베게너**Alfred Wegener(1880~1930)
독일의 기상학자이자 지구물리학자. 원시 대륙이 갈라지고 오늘날과 같은 대륙 분포가 나타났다는 대륙이동설을 주장했다.

★ **판 구조론**plate tectonics
지구의 표면이 여러 개의 판으로 이루어져 있으며, 이와 같은 판들이 이동한다는 이론. 판의 경계에서 화산이나 지진이 발생한다.

알프레드 베게너

한번 직접 해 봐요

태양계의 행성 체험 활동

태양을 중심으로 8개의 행성과 소행성, 위성으로 구성되어 있는 태양계의 크기와 범위를 보다 구체적으로 이해해 보아요.

● **구체적인 활동**

1) 지구를 기준으로 삼고 태양계를 구성하고 있는 각 행성들의 크기를 계산한다.

	수성	금성	지구	달	화성	목성	토성	천왕성	해왕성	태양
비율	0.38	0.95	1	0.27	0.53	11	9.5	4	3.8	110

2) 태양에서 지구까지의 거리를 기준으로 삼아 각 행성들까지의 거리를 계산한다.

	수성	금성	지구	화성	목성	토성	천왕성	해왕성
비율	3.8	7.2	10	15.2	52.8	88	190	300

※ 태양~지구까지의 거리 : 10걸음

3) 클레이 점토로 태양과 여러 행성들을 직접 만들어 보고, 크기를 비교해 본다.
4) 친구들에게 태양계의 행성들을 하나씩 선택하도록 하고, 운동장에 나가 계산한 거리를 토대로 행성들 사이의 거리를 직접 표현해 본다.
5) 행성들의 특징을 설명하고, 그 행성을 선택한 이유에 대해 함께 이야기해 본다.

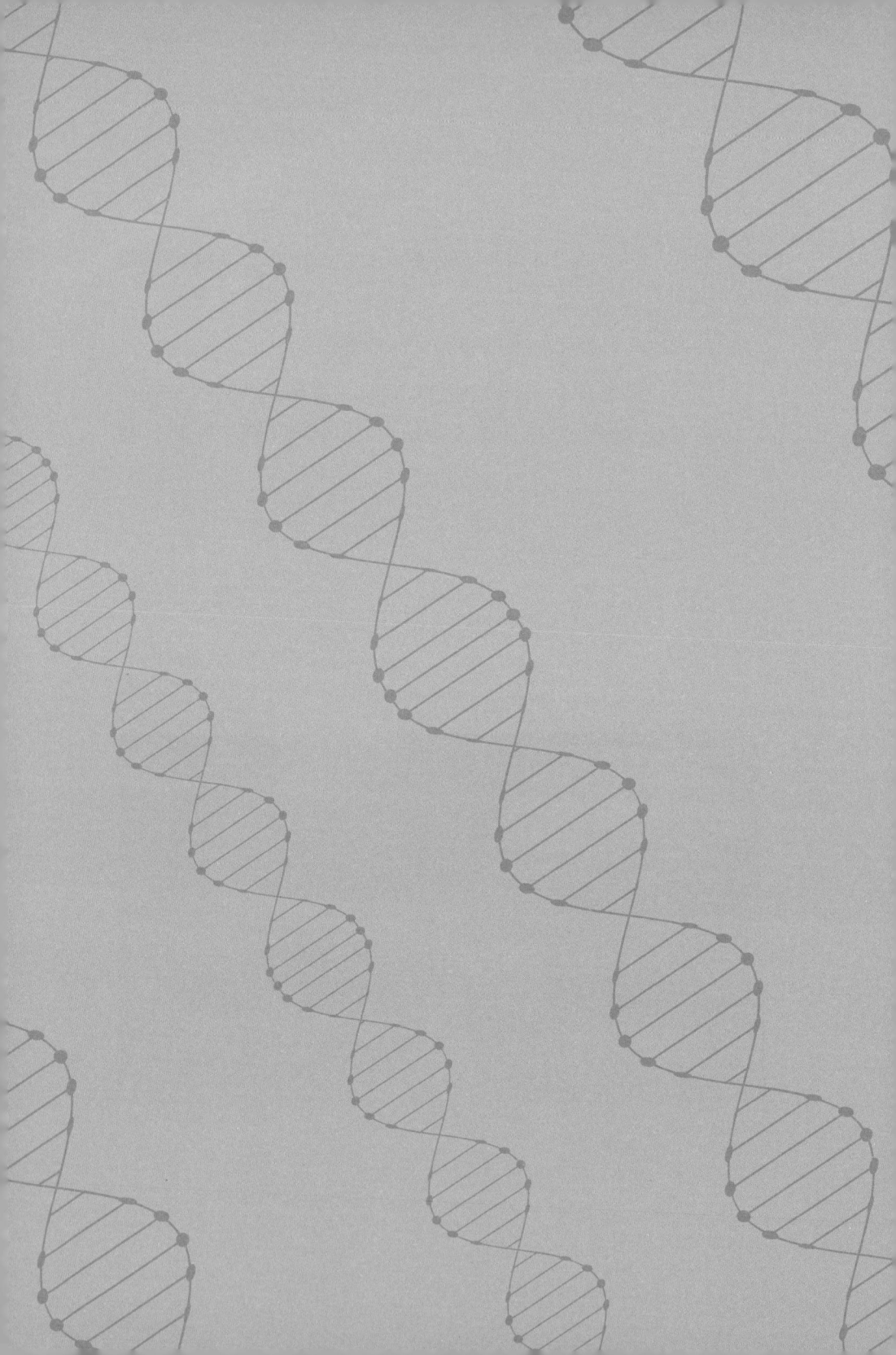

6
생명체의 탄생과 생명의 나무

생명은 어떻게 생겨났을까?

생명이란 무엇인가?

　1996년, 세계 최초의 복제양 돌리가 태어났습니다. 세계를 떠들썩하게 했던 사건이었지요. 과학 기술이 발전하면서 이제는 복제 생명체를 만들 수 있게 된 것입니다. 복제양 돌리의 탄생을 둘러싸고 과학자들뿐 아니라 많은 사람들은 서로 다른 생각을 했습니다. 어떤 사람들은 암과 같은 불치병을 치료하기 위해 생명 복제 기술이 필요하다고 생각했습니다. 하지만 다른 사람들은 만약 인간을 복제하게 된다면 심각한 문제가 발생할 것이라고 생각했지요. 국제사회에서 생명 복제 기술은 아직까지 합의되지 못한 기술입니다.

메~~~
메~~~
복제양 돌리

20세기 이후 사람들은 유전학에 많은 관심을 가지게 되었습니다. 유전자를 바꿈으로써 더 많은 식량을 얻을 수 있었기 때문입니다. 특히 인구가 많거나 기술이 아직 발전하지 못해서 식량이 부족한 나라에서는 매우 반가운 일이었지요.

하지만 유전자를 바꾼 식품이 인간에게 나쁜 영향을 미칠 수 있다는 주장이 나오면서 이 문제는 사람들 사이에서 논란이 되고 있습니다.

그런데 동물이나 식물의 유전자를 바꾸는 것은 최근에 나타난 사실이 아닙니다. 아주 오래전부터 인간은 주변에 살고 있는 동물이나 식물에 영향을 미쳤습니다. 더 많은 식량을 얻기 위해서였지요.

인간이 영향을 미쳤던 수없이 많은 식물이나 동물은 인간과 마찬가지로 모두 생명체입니다. 음식을 섭취하고 에너지를 만듦으로써 스스로를 유지할 수 있는 능력을 가지고 있기 때문입니다.

과학자들에 따르면, 이와 같은 생명체는 크게 다섯 가지의 특징을 지니고 있습니다.

첫 번째 특징은 세포로 이루어져 있다는 것입니다. 세포는 생명체를 구성하는 살아 있는 단위 중 가장 작은 것이지요. 주로 생명체가 자신의 생명을 유지할 수 있도록 필요한 영양분을 섭취하고 에너지를 합성하는 역할을 담당합니다. 하나의 세포로 구성된 생명체

세포

에서는 한 가지 종류의 세포가 이와 같은 역할을 담당하고, 인간처럼 수많은 세포로 구성되어 있는 생명체에서는 다양한 종류의 세포들이 역할을 나누어서 담당합니다.

두 번째 특징은 생존을 위해 필요한 물질들을 받아들이고(흡수), 낱낱이 나누어서(분해) 사용한다는 것입니다. 영양분을 섭취하거나 에너지를 합성하는 것은 세포의 역할인데, 이와 같은 과정을 과학자들은 '물질대사'라고 부릅니다.

> 물질대사

세 번째 특징은 여러 가지 변화 속에서 안정된 상태를 유지하려는 것입니다. 이미 우리가 살펴본 것과 마찬가지로 초기의 지구는 오늘날의 지구와 매우 달랐습니다. 다양한 생명체들은 빠르게 변하는 지구의 환경 속에서 모습이나 기능을 유지하고 생존해야만 했습니다. 과학자들은 이와 같은 생명체의 특징을 '항상성'이라고 부릅니다.

> 항상성

네 번째 특징은 '생식'입니다. 생명체가 주변 환경의 변화 속에서 안정된 상태를 유지하더라도 언젠가는 죽기 마련입니다. 그래서 생명체는 자신과 닮은 것을 만들어 종을 유지하고자 합니다. 생식은 바로 이처럼 생물이 자기와 닮은 생명체를 새로이 만들어 내는 것을 의미하지요.

> 생식

마지막 특징은 생명체가 주변 환경에 따라 변화한다는 것입니다. 이것을 '적응'이라고 부릅니다. 환경이 변화하는 과정 속에서도 살아남을 수 있도록 도움이 되는 특징을 가지거나 이를 계속 물려주는 것을 의미합니다. 때로는 생명체가 원하지 않았던 변화가 나타나기도 하는데, 이와 같은 과정을 통해 생명체는 더욱 다양해질 수 있었습니다.

적응

생명 탄생의 골디락스 조건

 그렇다면, 지구에서는 어떻게 이와 같은 생명체들이 등장할 수 있었을까요? 이를 위해 다시 세포로 돌아가 보겠습니다. 세포는 생명체의 기본 단위입니다. 주로 단백질이나 탄수화물, 지방 등으로 구성되어 있지요.

 좀 더 자세히 살펴보면, 단백질은 탄소, 수소, 산소, 질소 등의 원소로 구성되어 있고, 탄수화물이나 지방은 탄소, 수소, 산소 등으로 구성되어 있습니다. 따라서 세포는 빅뱅 이후 별에서 만들어진 여러 가지 원소들이 결합해서 나타난 것이라 할 수 있습니다.

 지구에는 다양한 원소들뿐 아니라 원소들이 다양한 방식으로 결합할 때 필요한 에너지가 존재했습니다. 중요한 점은 이 에너지가 너무 많지도 않고, 너무 적지도 않았다는 것입니다. 골디락스에게 필요했던 적당한 온도의 수프와 적당한 크기의 침대처럼 말입니다. 그리고 지구에는 다른 별이나 행성과는 달리 물이 존재했습니다. 지구의 온도가 내려가면서 바다가 형성되었지요. 원자들은 기체 상태에서는 매우 빠르게 움직이고, 고체 상태에서는 거의 움직이지 않기 때문에,

결합하기 위해서는 물과 같은 액체 상태가 필요했습니다. 이와 같은 골디락스 조건들 덕분에 지구에서는 다른 별이나 행성과는 달리 생명체가 등장할 수 있었습니다.

그렇다면, 여러분은 이 세상에 가장 먼저 등장한 생명체가 무엇이라고 생각하나요? 세상에는 최초의 생명체와 관련된 다양한 신화들이 존재합니다.

러시아의 신화에 따르면 최초의 세계에는 바다밖에 없었습니다. 이후 두 마리의 새가 나타났습니다. 한 마리는 흰 색이었고, 다른 한 마리는 검은 색이었는데, 각각 신과 악마가 타고 있었습니다. 신은 흙으로 평원을 만들었고, 악마는 바위와 산을 만들었습니다.

최초의 생명체로서 새가 등장하는 신화는 아메리카에도 존재합니다. 마야에서는 아버지 신이 천지를 창조한 다음 대홍수가 발생했습니다. 천지가 모두 무너졌고, 이후 노란 새가 등장합니다. 뿐만 아니라 앵무새와 까마귀가 모아 온 옥수수로 인간을 만들기도 합니다.

사람들이 최초의 생명체를 새라고 생각했던 것은 우주의 탄생과도 깊은 관련성이 있습니다. 세계의 여러 지역들에서 우주가 알에서 시작되었다고 설명하는 신화들이 많기 때문입니다.

아프리카에서는 최초의 신이 알에서 태어났다고 믿었습니다. 오늘날 지중해 동쪽 지역에 해당하는 페니키아*에서는 대기와 공기에서 신들이 탄생해 알을 낳았는데, 알이 깨지면서 태양이나 달을 비롯한

러시아 신화의 새 ←

뜨거운 물이 솟아오르는 심해열수공

심해열수공 주변에는 수많은 생명체들이 모여 사는구나!

천체가 등장했다고 믿었습니다. 우주가 알에서 시작되었다고 믿었기 때문에, 아마도 자연스럽게 세상에 처음으로 등장했던 생명체가 새라고 생각했던 것 같습니다.

그렇다면, 과학적 증거들을 토대로 우주와 모든 것의 기원을 이야기하는 빅 히스토리에서는 최초의 생명체에 대해 어떻게 설명할까요? 우리는 생명체가 등장하기 위해서는 다양한 원소들과 적당한 에너지, 그리고 물이 존재해야 한다는 사실을 알고 있습니다.

과학자들은 실험과 탐사를 거쳐 태평양에서 심해열수공*을 발견했습니다. 이곳에서는 섭씨 350도 정도의 뜨거운 물이 솟아오르고, 주변에 수많은 생명체들이 모여 살고 있습니다. 과학자들은 약 35억 년 전에 바로 이곳에서 최초의 생명체가 탄생했으며, 시간이 흐르면서 점차 더 복잡해졌을 것이라고 생각합니다.

생명체의 복잡성

최초의 생명체는 대부분 하나의 세포로 이루어져 있었습니다. 매우 단순한 형태를 지니고 있기 때문에 원핵생물이라고 부르기도 합니다. 결국 원핵생물은 단세포 생물이지요. 이들은 심해열수공에서 발생하는 에너지를 사용해 생존했습니다. 그러다가 바닷속 깊은 곳에서부터 점차 물 위쪽으로 올라오기 시작했는데, 물 위쪽으로 올라

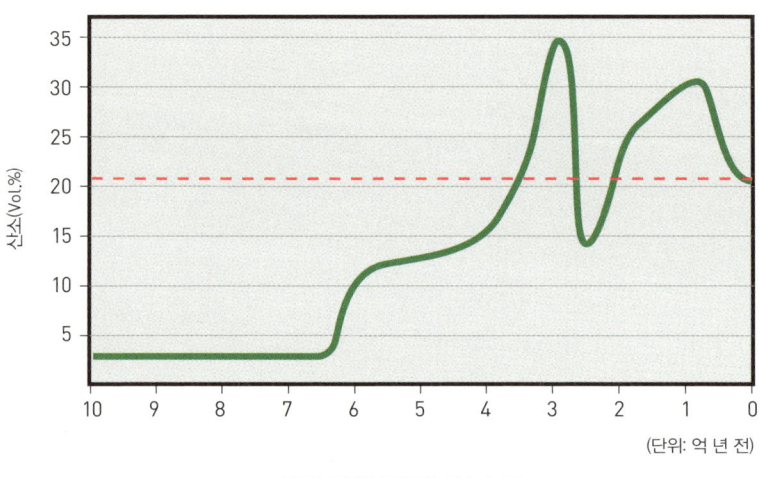

10억 년 간 지구의 산소 농도

오자 원핵생물은 태양 에너지를 만나게 됩니다. 그리고 태양의 빛에너지를 이용해 이산화탄소와 물로부터 생존에 필요한 에너지를 합성하기 시작했습니다. 이와 같이 태양의 빛에너지를 생존에 필요한 에너지로 바꾸는 방법을 광합성*이라고 합니다.

원핵생물이 광합성을 시작하면서 지구의 대기에 새로운 현상이 나타났습니다. 바로 산소의 축적입니다. 처음 지구가 탄생했을 때 대기는 주로 수소와 헬륨으로 이루어져 있었고, 이후 지구 내부에서 나오는 이산화탄소와 질소가 대기를 이루는 주된 성분이었습니다. 그러다가 원핵생물이 광합성을 시작하면서 산소가 점차 많아졌습니다. 대기 중에 산소가 풍부해짐에 따라 지구의 환경이 변화하기 시작했고, 이제 산소를 이용해서 생존하는 새로운 생명체들이 등장했습니다. 산소의 농도에 따라 새로운 생명체들이 나타나거나 사라지면서 그 종류가 더욱 다양해졌지요.

약 25억 년 전에는 원핵생물보다 복잡한 생명체가 나타났는데, 과학자들은 이를 진핵생물이라고 부릅니다. 진핵생물은 원핵생물과 달리 핵이 세포막으로 둘러싸인 생물입니다. 원핵생물은 몸 전체에 유전 물질인 DNA를 보관했지만, 진핵생물은 핵이라는 특별한 공간 속에 DNA를 보관했습니다.

우리가 부모와 닮은 이유는 부모의 유전 정보가 후대에 전해지기 때문인데, 이런 유전 정보가 저장된 곳이 DNA입니다.

　최초의 진핵생물은 원핵생물과 마찬가지로 하나의 세포로 구성된 생명체였습니다. 이후 단세포의 진핵생물들이 모이면서 수많은 세포들로 구성된 생명체가 등장했습니다. 단세포 생명체보다 다세포 생명체는 훨씬 복잡한 생명체였습니다. 그리고 다양한 방식으로 서로 도우면서 주변 환경의 변화에 더 적극적으로 대응할 수 있었습니다. 그 결과, 다세포 생명체의 종류나 수는 급속하게 늘어나게 되었지요.

　생명체의 복잡성은 여기에서 그치지 않았습니다. 약 4억 7500만 년 전쯤 다세포 생명체에게 놀라운 변화가 나타났습니다. 약 35억 년 전에 물속에서 처음 나타났던 생명체가 육지로 이동한 것입니다. 물속에 살 때 꼭 필요했던 여러 가지 기능들이 육지라는 새로운 환경에 적응하기 위해 변화하기 시작했습니다. 육지로 이동하면서 폐를 이용해 호흡하는 생명체가 등장했습니다. 어떤 생명체는 물이 없는 환경에서 더 잘 이동할 수 있는 다리가 생겼습니다. 털이 생긴 생명체도 있었고, 생식을 위해 알을 낳지 않고 새끼를 낳는 생명체도 생겼습니다. 이와 더불어 뇌가 점점 더 발달하면서 지구에는 이전보다 더욱 복잡한 생명체들이 늘어났습니다.

생명체의 진화와 대멸종

최초의 생명체가 탄생한 이후 지구에는 수많은 종들이 살았습니다. 어떤 종은 오늘날까지도 살아 있지만, 이미 멸종한 경우도 많지요. 오늘날 우리는 시간이 흐르고 지구의 환경이 변화함에 따라 종이 변화했다는 사실을 알고 있습니다. 그러나 과거에는 많은 사람들이 종이 변화하지 않는다고 생각했습니다. 이후 화석이나 지층 연구 등의 과학적 증거들을 통해 과학자들은 종이 변화했다는 사실을 알게 되었고, 이렇게 생물 종이 변해 가는 현상을 '진화'라고 불렀습니다. 19세기의 유명한 과학자 찰스 다윈Charles Darwin은 지구의 다양한 생명체들이 진화한 과정에 대해 설득력 있는 이론을 제시한 사람입니다.

진화론의 창시자
찰스 다윈(1809~1882)

서로 다른 부리를 가진 핀치새

1. 게오스피자 마그니로스트리스
2. 게오스피자 포르티스
3. 게오스피자 파르불라
4. 케르티데아 올리바케아

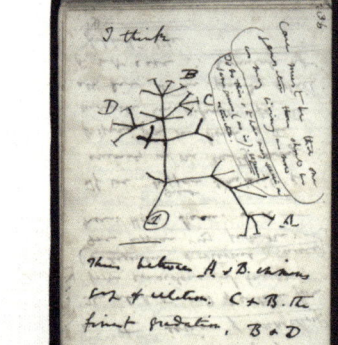

다윈이 그린 《생명의 나무》

다윈은 영국 해군의 과학 탐험대에 참가해서 5년 동안 남아메리카와 남태평양의 여러 섬들을 탐사했습니다. 그가 탔던 배의 이름은 비글호이지요. 다윈에게 생명체의 진화와 관련된 여러 가지 생각을 던져 주었던 것은 바로 갈라파고스 제도*였습니다. 그곳에서 그는 육지에서 보았던 것과 비슷하지만 부리 모양이 다른 수십 종의 새들을 보았습니다. 서로 동떨어진 섬에 모습이 약간씩 다른 새들이 살고 있었는데, 이 모습을 본 다윈은 아마도 오래전에 한 종류의 새가 이 섬으로 날아왔다가 시간이 지나면서 서로 다른 모양으로 변화했을 것이라고 생각하게 되었습니다.

다윈은 한 가지 종이 가지고 있던 다양한 정보들이 후대에 전해지는 과정 속에서 그대로 유전되는 것이 아니라 변화들이 발생한다고 생각했습니다. 특히 살아남는 데 도움이 되는 변화들은 후대에 계속 전해진다고 생각했지요. 따라서 그는 모든 생명체에서 나타나는 이와 같은 변화는 자연 환경의 변화에 적응하려고 했기 때문이라고 주장했습니다. 하지만 변화하는 자연 환경 속에서 살아남는 데 필요한 에너지나 자원은 매우 모자랐기 때문에 다른 종과 경쟁할 수밖에 없다고 생각했습니다. 결국 경쟁에서 이긴 종만 살아남게 되는 것입니다. 오늘날 과학자들은 다윈의 이와 같은 주장을 자연선택*이라고 부릅니다.

다윈이 주장했던 자연선택은 생명체의 진화에 매우 중요한 부분입니다. 그는 지구의 환경이 계속 변화하기 때문에 진화도 계속된다고 생각했습니다. 하지만 다윈은 이와 같은 진화가 어떤 종은 우월하고, 다른 종은 열등하다는 것을 의미하는 것이 아니라고 주장했습니다.

그에게 '진화'는 자연 환경의 변화에 따라 살아남는 데 더 유리한 다양한 종들이 나타나는 것을 의미합니다. 그렇기 때문에 단세포에서 다세포로, 그리고 더욱 복잡한 생명체들이 등장하고 진화한다는 것은 '지구 생명체의 다양성'이 증가한다는 것을 의미하지요.

다윈이 주장했던 진화의 개념을 좀 더 쉽게 이해하기 위해 우리는 생명의 나무*를 살펴볼 필요가 있습니다. 이것은 단세포의 형태였던 최초의 생명체로부터 수십 억 년에 걸쳐 오늘날까지 우리 주변에 존재하는 수많은 종들이 어떻게 나타났고 변화했는지 보여 줍니다.

많은 사람들은 인간과 원숭이의 관계에 대한 다윈의 설명을 잘못 이해하고 있습니다. 엄밀하게 말하면 인간의 조상은 원숭이가 아닙니다. 하지만 인간과 원숭이는 공통 조상을 가지고 있습니다. 수백만 년 전에 환경의 변화에 따라 적응하고 생존하는 방식이 달라지면서 공통 조상으로부터 갈라진 것입니다. 생명의 나무는 이와 같은 진화의 방식을 잘 보여 주기 때문에 생명체의 진화를 이해하는 데 매우 중요합니다.

환경 변화에 따라 종이 진화했다는 다윈의 주장은 대멸종*에서도 잘 드러납니다. 대멸종이란 최초의 생명체가 나타난 이후 수많은

종들이 멸종했던 현상을 의미합니다. 과학자들은 화석 연구를 통해 지금 존재하지 않는 종들이 이전에 존재했다는 사실을 알게 되었습니다. 지금까지 지구에서는 다섯 번의 대멸종이 발생했고, 심각한 경우에는 전체 종의 96% 정도가 사라져 버리기도 했습니다. 사실상 거의 모든 생명체들이 사라졌다고 해도 과언이 아니지요. 약 6500만 년 전에 지구에 소행성이 충돌하면서 발생한 것으로 보이는 대멸종에서는 당시 지구를 지배했던 거대 생명체인 공룡이 사라졌습니다. 몸집이 작고 재빠른 생명체들은 살아남아 지구의 환경에 적응하기

시작했고, 이후 인간이 나타났습니다.

  아직까지 과학자들은 대멸종이 발생했던 정확한 이유를 설명하지 못합니다. 어떤 과학자들은 화산 활동 때문이라고 설명하고, 다른 과학자들은 지구의 온도가 올라갔기 때문이라고 설명합니다. 또 다른 과학자들은 소행성이나 운석 충돌 때문이라고 이야기하지요. 다섯 번의 대멸종이 발생했던 이유를 명확하게 설명할 수는 없지만, 우리는 한 가지 분명한 사실을 알 수 있습니다. 바로 대멸종 때문에 발생했던 지구의 자연 환경 변화가 생명체에 엄청난 영향을 미쳤다는 것 말입니다. 생명의 진화와 대멸종을 통해 우리는 모든 생명체가 지구와 상호작용한다는 사실을 알 수 있습니다. 그리고 인간 역시 예외가 아니라는 사실을 알 수 있지요.

알아 두면 유용한 용어

★ **페니키아** Phoenicia

오늘날 지중해 동쪽 지역을 의미하는 고대 지명이자, 주변 세계와의 활발하게 교류한 고대 제국 중의 하나다. 해상 무역의 발달로 기원전 1200년경에서 기원전 900년경 사이에 지중해에서 가장 강력한 세력으로 부상했고, 많은 식민지를 건설했다.

★ **심해열수공**

동태평양 해저산맥 중 마그마의 열로 뜨거워진 물이 솟아오르는 곳. 주변에는 지상에서 보기 힘든 생물들을 포함해 수많은 생물들이 살고 있다.

★ **갈라파고스 제도**

남아메리카 동태평양의 에콰도르령 제도. 공식 명칭은 콜론 제도 Archipiélago de Colón이며, 19개의 섬과 암초로 구성되어 있다. 이곳에 살고 있는 독특한 생물들이 찰스 다윈의 진화론 구상에 많은 영향을 주었다.

★ **자연선택**

같은 종의 개체 사이에서 환경에 더 잘 적응한 것이 생존하여 자손을 남기는 현상. 다윈은 '자연선택'을 생명 진화의 원인이라고 생각했다.

★ **생명의 나무**

생명의 기원부터 수많은 종의 분화를 보여 주는 가계도. 생명의 나무를 통해 진화가 여러 가지 방향으로, 그리고 다양한 방식으로 일어난다는 사실을 알 수 있다.

★ **대멸종**

지구에 생명이 등장한 이후 크게 다섯 차례에 걸쳐 나타났던 큰 멸종. 1차 대멸종은 약 4억 4300만 년 전, 2차 대멸종은 3억 7000만 년 전, 3차 대멸종은 2억 4500만 년 전, 4차 대멸종은 2억 1500만 년 전, 그리고 5차 대멸종은 6500만 년 전에 나타났다. 이 가운데 3차 대멸종으로 해양 동물의 96% 정도가 멸종했으며, 5차 대멸종 시기에 공룡이 멸종했다.

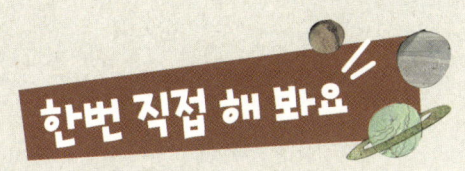

적자생존 체험 활동

다른 종들과 경쟁해서 생존하기 위해서는 어떤 요소들이 필요한지, 그리고 어떤 환경이 생존과 진화에 적합한지 이해해 보아요.

1) 여러 가지 매트로 서로 다른 자연 환경을 설정한다. 평평한 매트, 여러 가지 색깔이 섞여 있는 매트, 올이 엉켜 있는 매트 등.
2) 크기와 모양, 색이 다른 여러 가지 종류의 곡식을 준비한다. 조, 완두콩, 보리, 흑미 등.
3) 생존을 위해 종이 선택할 수 있는 서로 다른 종류의 도구를 준비한다. 포크, 스푼, 나이프, 젓가락 등.
4) 서로 다른 자연 환경과 곡식, 그리고 도구를 팀별로 설정한다.
5) 게임 시간은 1분이고, 그동안 서로 다른 도구를 사용해서 얻은 곡식의 개수를 센다.
6) 게임 참가자들의 수준에 따라 일정 개수 이하의 곡식을 얻은 참가자들은 탈락하고, 남은 참가자들 사이에서 다시 게임을 시작한다. 이 게임을 3~4회 정도 반복한 다음 어떤 환경에서, 어떤 도구를 사용했을 때 어떤 종류의 곡식을 가장 많이 얻을 수 있는지 발표한다. 그리고 이러한 과정을 통해 적자생존의 법칙이 어떻게 적용되는지 논의해 본다.

7
인류의 등장과 진화, 그리고 우리들

인류는 어떻게 나타났을까?

원시 인류와 루시

1974년 아프리카의 에티오피아에서는 유적지 발굴이 한창이었습니다. 많은 사람들이 당시 세계적으로 유명했던 영국 그룹 비틀즈 Beatles의 노래를 들으면서 발굴 작업을 하고 있었는데, 인간의 유골과 비슷한 것이 발견되었습니다. 이때 비틀즈의 '다이아몬드와 함께 하늘에 있는 루시 Lucy in the Sky with Diamond'라는 노래가 흘러 나왔고, 사람들은 발굴한 유골에 '루시'라는 이름을 붙였지요.

약 700만 년 전에 인간과 침팬지는 공통 조상으로부터 분화되었습니다. 이후 인간과 침팬지는 전혀 다른 모습과 생활 습관을 가지게 되었지요. 과학적 증거들에 따르면 루시는 약 350만 년 전에 살았던 것으로 추정됩니다. 다른 유골들에 비해 비교적 온전한 형태로 발굴되었기 때문에 루시는 과학자들에게 많은 정보를 알려 줄 수 있었습니다. 그중 한 가지는 바로 인간만의 특징이 무엇인가라는 질문에 대한 대답입니다.

루시가 발견되기 이전에 과학자들은 인간만의 특징과 관련된 논쟁을 벌였습니다. 어떤 과학자들은 증가하는 두뇌 용량이 인간만의 특징이라고 주장했고, 또 다른 과학자들은 두 발로 서서 걷는 것이 인간만의 특징이라고 주장했습니다. 루시의 발견은 이들 사이의 논쟁에 명확한 대답을 알려 주었습니다. 루시의 두뇌 용량은 침팬지와 비슷했지만, 두 발로 걸었기 때문입니다. 루시의 발견은 공통 조상에서 분화되어 인간으로 진화하는 과정 속에서 두 발로 서서 걷는 것이 두뇌 용량의 증가보다 먼저 나타났다는 사실을 입증해 주었습니다. 그리고 두 발로 걷는 것이 인간만의 특징이 아니라는 사실도 밝혀 주었지요.

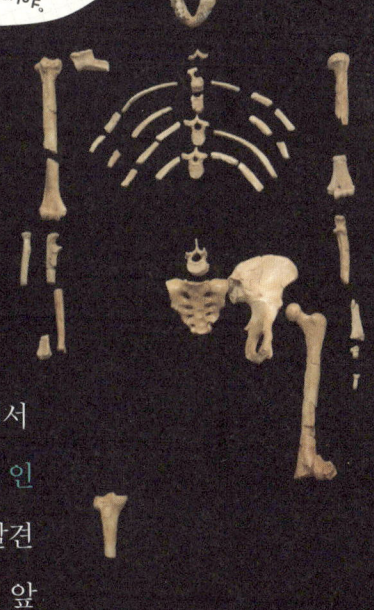

비록 루시가 두 발로 걸었지만, 우리는 루시를 인간이라고 부르지 않습니다. 지난 수백만 년 동안 지구에는 인간과 비슷한 여러 가지 종들이 나타났습니다. 우리는 이들을 원시 인류라고 부릅니다. 오랫동안 교과서에서는 루시와 같은 종이 가장 오래된 원시 인류★라고 설명했습니다. 그러나 최근 발견된 증거들에서 과학자들은 루시보다 더 앞선 원시 인류를 발견했습니다. 오늘날 과학적 증거들을 바탕으로 가장 오래된 원시 인류를 발견한 것이지요.

현재 과학자들이 발견한 가장 오래된 원시 인류는 약 700만 년 전 중앙아프리카에서 살았던 원시 인류입니다.

이들이 발견되지 않았을 때에는 루시가 가장 오래된 원시 인류라고 생각했기 때문에 과학자들은 한 가지 의문을 가지게 되었습니다. 인간과 침팬지가 공통 조상에서 분화되었던 700만 년 전부터 루시가 나타났던 350만 년 전의 시기에는 어떤 종류의 원시 인류가 존재했을까요? 새로운 원시 인류의 발견은 바로 이와 같은 궁금증을 부분적으로 해결해 주었습니다. 이제 우리는 루시 이전의 원시 인류에 대해서 좀 더 알 수 있게 되었습니다.

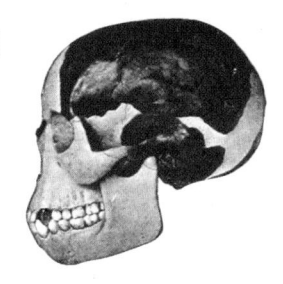

최초의 원시 인류 발견과 관련해 한 가지 해프닝이 있었습니다. 오늘날 우리는 최초의 원시 인류가 아프리카에서 등장했다는 사실을 잘 알고 있습니다. 당시 아프리카의 환경은 오늘날과는 상당히 달랐습니다. 오늘날에는 매우 덥고 건조한 지역이지만, 수백만 년 전의 아프리카는 따뜻하고 식량도 풍부했던 지상 낙원이었지요. 그래서 지구의 여러 지역들보다 아프리카에서 가장 먼

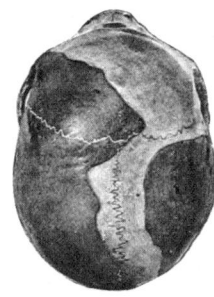

위조품으로 밝혀진 필트다운인 유골.

필트다운인 유골을 검토 중인 과학자들(1915). 훗날 이 유골은 위조품이라는 사실이 드러났다.

저 원시 인류가 나타날 수 있었습니다.

그런데 어떤 사람들은 유럽에서 인간이 가장 먼저 나타났다고 생각했습니다. 20세기 초 영국에서는 유골이 발견되었는데, 일부 과학자들은 이 유골이 인간의 가장 오래된 조상이라고 주장했습니다. 그리고 백인이 가장 먼저 진화했다는 것을 증명한다고 생각했지요. 이 유골에는 필트다운인이라는 이름이 붙었습니다. 하지만 시간이 흐르면서 이 유골이 오랑우탄과 인간의 유골을 합친 위조품이라는 사실이 밝혀졌습니다. 그리고 이후 아프리카에서 원시 인류가 등장했다는 사실을 입증하는 여러 가지 증거들이 발견되기 시작했습니다.

원시 인류의 진화

최초의 원시 인류가 나타난 이후 350만 년 전에 아프리카에서 등장한 것이 바로 루시입니다. 아직까지는 최초의 원시 인류가 두 발로 걸었는지 알 수 없지만, 화석을 통해 우리는 루시가 두 발로 걸었다는 사실을 분명하게 알 수 있습니다. 시간이 흘러 250만 년 전에는 이들보다 좀 더 인간과 비슷한 종이 나타났습니다. 호모 하빌리스*라고 부르는 이 종은 동아프리카에서 나타났는데, 이전의 원시 인류와는 구별되는 특징을 가지고 있었습니다. 우선, 두뇌 용량이 1.5배 이상 증가했고, 두 손을 자유롭게 사용할 수 있었습니다. 그 결과, 돌로 도구를 만들기 시작했습니다. 이전에는 나타나지 않았던 새로운 복잡성이지요.

200만 년 전에 나타났던 원시 인류는 두뇌 용량이 더욱 커졌습니다. 두뇌 용량의 증가는 '도구 제작'과도 관련 있습니다. 호모 에렉투스*가 만든 도구 가운데 대표적인 것은 바로 주먹도끼였습니다. 이 시기에 만들어진 주먹도끼는 그 형태가 상당히 동일합니다. 따라서 과학자들은 이들이 도구를 만들기 전에 먼저 어떤 모습을 만들 것인

↑
인간에게 불을 가져다주는
프로메테우스

지 상상했을 것이라고 생각합니다. 뿐만 아니라 크고 날카로운 돌로 전체적인 모습을 먼저 다듬은 다음에 날 부분을 더 날카롭게 다듬었을 것이라고 추정합니다. 이전의 원시 인류들과는 달리 계획과 목적을 가지고 도구를 만들었다는 것을 뜻합니다.

그리스 신화에는 프로메테우스라는 인물이 등장합니다. 제우스를 비롯한 올림포스의 신들이 등장하기 이전에 이 세상을 지배했던 티탄족*의 아들이었지요. 프로메테우스는 진흙으로 인간을 만들었고, 인간이 생존할 수 있도록 여러 가지 도움을 주었답니다. 이 가운데 한 가지가 바로 제우스로부터 불을 훔쳐 인간에게 가져다준 것이었습니다. 그리고 프로메테우스는 쇠사슬에 묶인 채 매일 아침 독수리가 자신의 간을 쪼아 먹는 형벌을 받게 되었습니다.

호모 에렉투스는 불을 사용하는 인간이었습니다. 신화와 달리, 처음에는 번개에 의해 자연적으로 발생한 불을 가져와서 사용하다가 점차 불을 일으킬 수 있게 되었습니다. 불의 사용으로 인해 이들의 생활에는 이전과는 다른 새로운 복잡성이 나타났습니다. 호모 에렉투스는 따뜻한 아프리카로부터 벗어나 추운 지역으로까지 이동했는데, 불을 사용할 수 있어서 추위를 이기고 새로운 환경에 적응할 수 있었습니다. 불을 사용해 위험한 동물로부터 자신들을 보호하기도 했지요. 불의 사용은 신체 조건과 두뇌 용량에도 큰 영향을 미쳤습니다. 음식을 익혀 먹으면 더 많은 영양분을 흡수할 수 있는데, 일부 과학자들은 인간의 두뇌가 다른 생명체보다 훨씬 큰 이유가 바로 여기에 있다고 주장합니다. 도구를 만들고 불을 사용하면서 이제 원시 인류는 더욱 인간과 비슷한 모습으로 진화했습니다.

약 35만 년 전에 나타났던 호모 네안데르탈렌시스(네안데르탈인)*는 우리의 직접적인 조상인 호모 사피엔스*와 오랫동안 공존했습니다. 오랫동안 많은 과학자들은 두뇌 용량의 증가와 언어 사용 때문에 호모 사피엔스가 유일하게 생존할 수 있었다고 생각했습니다. 하지만 다양한 유골이 발견됨에 따라 지구에 나타났던 원시 인류 가운데 두뇌 용량이 가장 컸던 종은 바로 호모 네안데르탈렌시스였다는 사실이 밝혀졌습니다. 심지어 우리의 조상인 호모 사피엔스보다 더 컸지요. 뿐만 아니라 20세기 초에 발견된 이들의 혀 뼈는 호모 네안데르탈렌시스

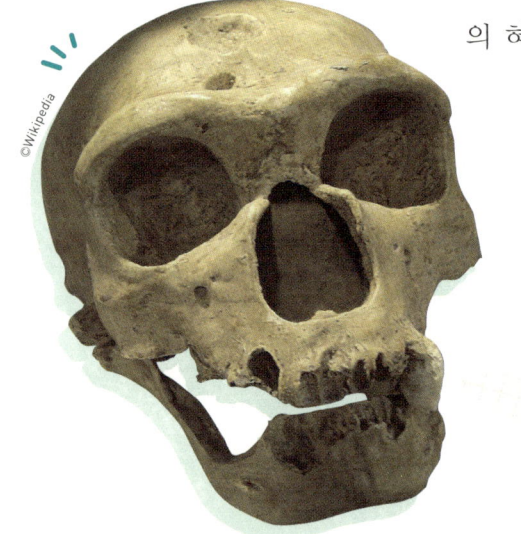

두뇌 용량이 가장 컸던 종은 바로 호모 네안데르탈렌시스!

역시 언어를 사용했다는 사실을 보여 줍니다.

  그렇다면 왜 호모 네안데르탈렌시스는 멸종했을까요? 이와 같은 질문에 대해 아직 명확하게 밝혀진 것은 없습니다. 일부 과학자들은 호모 네안데르탈렌시스의 두뇌 용량이 큰 이유는 다른 종들보다 추운 지역에 살고 있었기 때문이라고 생각합니다. 일반적으로 신체 조건이 발달할수록 두뇌 용량 역시 발달한다는 것이지요. 다른 종들에 비해 추운 지역에 주로 살고 있었던 이들은 키가 크고 체격도 좋았기 때문에 두뇌 용량 역시 커졌을 것이라고 추측하고 있습니다. 또한 주변 환경에 대한 정보나 지식을 각각의 소리로 표현하기도 했지만, 이러한 소리들이 반복적으로 적용되면서 새로운 소리를 만들지 못했을 것이라고 생각합니다. 비록 두뇌 용량이 컸고, 제한된 언어를 사용했지만 호모 네안데르탈렌시스는 결국 살아남지 못했습니다.

우리의 조상, 호모 사피엔스

약 25~20만 년 전에 나타났던 호모 사피엔스는 이전에 나타났던 다른 원시 인류들과는 달리 살아남아 우리의 직접적인 조상이 되었습니다. 호모 사피엔스가 생존할 수 있었던 이유나 조건에 대한 설명은 과학자들마다 약간 다릅니다. 그러나 한 가지 중요한 것은 호모 사피엔스가 다른 종들에 비해 훨씬 다양하고 많은 정보를 가지고 있

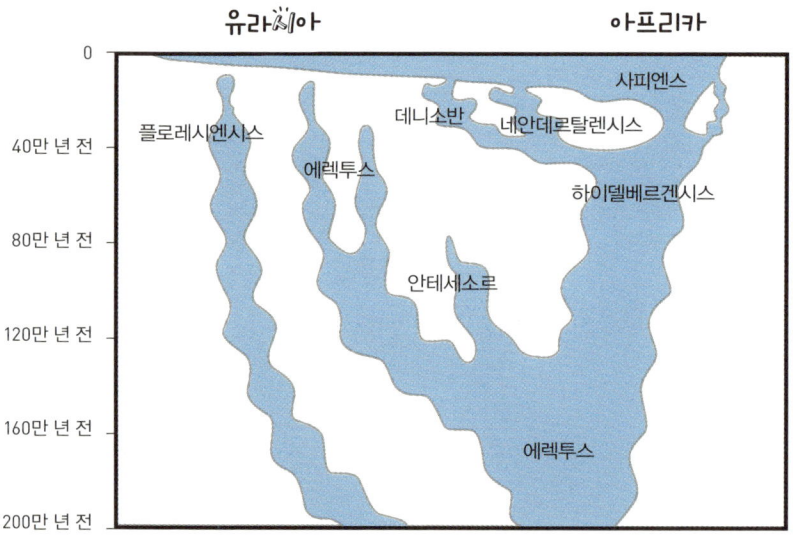

있었다는 사실입니다. 오늘날처럼 수많은 정보와 지식이 축적되어 있는 시대에는 어떤 내용의 정보를 알고 있고 선택하느냐에 따라 우리의 삶이 상당히 많이 달라질 수 있습니다. 수십만 년 전에 살았던 우리의 조상들 역시 마찬가지였습니다.

과학자들이 호모 네안데르탈렌시스의 유골을 분석해 보니, 이들은 대부분 동물성 단백질을 섭취했습니다. 추운 지역에 살고 있었기 때문에 주로 동물을 사냥해서 생존에 필요한 단백질을 섭취했던 것입니다. 하지만 수십만 년 동안 아프리카에서 살고 있었던 호모 사피엔스는 동물 사냥뿐만 아니라 다른 방식으로 생존에 필요한 에너지를 섭취했습니다. 강이나 바다에서 물고기를 잡기도 했고, 주변의 식물들을 식량으로 활용하기도 했지요. 다양한 자원을 활용하면서 호모 사피엔스는 생존에 필요한 더 많은 정보를 얻을 수 있었습니다.

호모 사피엔스와 호모 네안데르탈렌시스는 빙하기에 함께 살았습니다. 지구의 많은 지역들이 눈과 얼음으로 뒤덮였고, 매우 추웠지요. 혹독한 추위 때문에 많은 동물들이 멸종했습니다. 결국 동물을 사냥해서 생존에 필요한 대부분의 에너지를 얻었던 호모 네안데르탈렌시스에게 식량은 점점 부족해졌습니다. 이들은 긁개*라는 도구를 사용해 동물의 가죽을 벗기고 그것을 몸 위에 걸쳐서 추위를 이기려고 했습니다. 하지만 호모 사피엔스는 이들보다 더 전문적이고 정교한 도구를 만들기 시작했는데, 이 가운데 한 가지가 바로 바늘입니다. 바늘로 동물 가죽을 연결해서 혹독한 바람과 추위로부터 자신들을 보호할 수 있었던 것이지요.

다양한 식량과 새로운 도구는 호모 사피엔스가 생존에 필요한 더 많은 정보를 가지고 있었다는 사실을 잘 보여 줍니다. 그럼 이들은 어떻게 이와 같은 정보들을 가질 수 있었을까요? 과학자들은 언어를 통해 정보를 축적하고 나누었을 것이라고 생각합니다. 호모 네안데르탈렌시스와는 달리 호모 사피엔스는 각각의 소리들을 연결해서 새로운 소리들을 만들고, 이를 통해 자신들이 알게 된 정보들을 생존을 위해 사용했다는 것입니다.

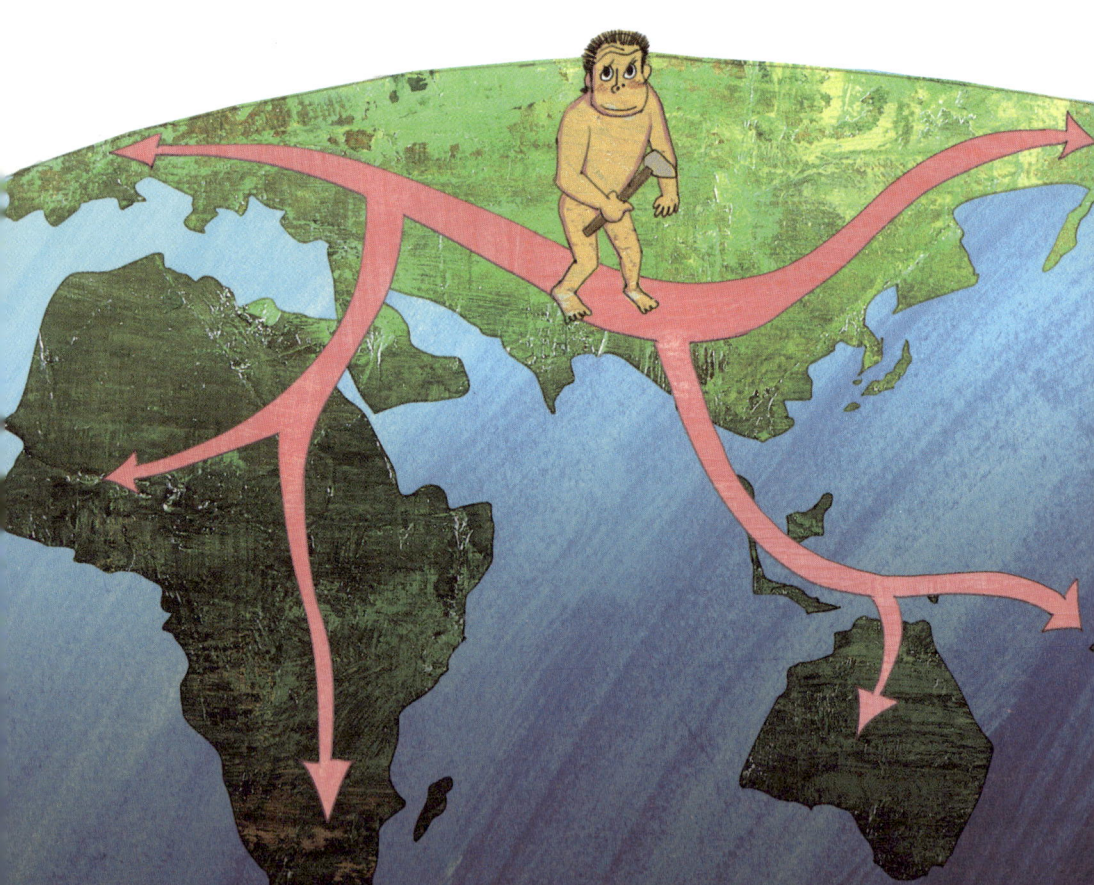

다른 종들과는 달리 호모 사피엔스는 언어를 통해 정보를 축적하고 나눌 수 있었습니다. 그리고 이를 자신들의 후손에게 전달하기 시작했습니다. 다양한 정보를 가지고 이들은 아프리카로부터 이동하기 시작했습니다. 빙하기에는 얼어 있는 바다를 건너 아메리카로 이동했고, 매우 간단한 배를 만들어 오스트레일리아까지 이동했습니다. 남극을 제외하고 이제 호모 사피엔스가 이동하지 않은 지역은 없었습니다. 정보를 축적하고 서로 나눌 수 있었던 덕분에 호모 사피엔스는 유일하게 생존할 수 있었고, 우리는 호모 사피엔스라는 단일한 종의 후손이 되었습니다.

아프리카에서 아메리카로,
아프리카에서 오스트레일리아로!!

다양한 모양의 긁개

약 700만 년 전에 원시 인류가 지구에 처음 나타난 이후 다양한 종들이 나타났습니다. 때로는 함께 공존하기도 하고, 멸종하기도 했지요. 그리고 결국 호모 사피엔스만 살아남았습니다. 오늘날 지구에 살고 있는 사람들은 피부색이나 머리카락, 눈동자 색깔이 다릅니다. 서로 다른 문화들을 가지고 있고, 여러 가지 언어들을 사용하지요. 하지만 한 가지 분명한 사실은 우리는 모두 호모 사피엔스라는 단일한 종의 후손이라는 것입니다.

오늘날 서로 다른 민족들과 국가들 사이에서 여러 가지 분쟁과 충돌이 발생합니다. 때로는 무력을 사용한 전쟁이 일어나는 경우도 있습니다. 단일한 종으로서의 인류가 좀 더 평화롭게 공존할 수 있는 방법이 있다면 무엇일까요? 우리는 지구에 살고 있는 모든 사람들이 다 같이 호모 사피엔스의 후손이라는 사실을 깨달아야 합니다. 인종과 민족의 경계를 넘어설 때 비로소 우리는 138억 년이라는 우주의 역사에 보다 가까이 다가갈 수 있습니다.

알아 두면 유용한 용어

★ **원시 인류**
현생 인류인 호모 사피엔스Homo sapiens가 등장하기 이전에 나타났던 다양한 종들.

★ **호모 하빌리스**Homo habilis
약 250만 년 전에 동아프리카에 등장했던 종. 돌로 도구를 제작하여 사용했다.

★ **호모 에렉투스**Homo erectus
약 200만 년 전부터 약 10만 년 전까지 살았던 종. 아프리카로부터 벗어나 여러 지역들로 이동했다. 주먹도끼나 돌도끼와 같은 도구를 사용했다.

★ **티탄 족**Titan
그리스 신화의 신족. 하늘의 신 우라노스와 대지의 여신 가이아의 후예. 6명의 남신과 6명의 여신으로 이루어져 있다. 이 가운데 막내아들인 크로노스가 지배자가 되었는데, 올림포스의 신인 제우스는 바로 크로노스의 아들이다.

★ **호모 네안데르탈렌시스**Homo neanderthalensis
약 35만 년 전부터 약 2만 년 전까지 아프로-유라시아(아프리카, 유럽, 아시아를 하나의 권역으로 묶어 부르는 명칭)에서 등장했던 종. 추위에 적응하면서 체격이 강해졌고 뇌 용량도 커졌다.

★ **호모 사피엔스** Homo sapiens
약 25~20만 년 전에 등장한 현생 인류. 우리의 직접적인 조상이다. 마지막 빙하기 때 아프로-유라시아에서 아메리카로 이주했으며, 이후 오스트레일리아까지 이주함으로써 전 세계적으로 이동했다.

★ **긁개**
돌을 날카롭게 만든 도구. 주로 가죽이나 나무를 다루는 데 사용했던 것으로 추정된다.

8
수렵 채집과
집단 학습

인간은 다른 동물과 무엇이 달랐을까?

수렵 채집 시대의 생활

수백만 년 전에 원시 인류가 처음 지구에 나타났을 때 이들은 어떤 생활을 했을까요? 아마도 상당히 오랜 기간 동안 이들은 원숭이와 마찬가지로 나무 위에서 살았을 겁니다. 그러다가 점차 나무 아래로 내려오기 시작했고, 두 발로 걷기 시작하면서 이제 원숭이와는 완전히 다른 생활 방식을 가지게 되었을 겁니다. 역사가들은 현생 인류의 조상인 호모 사피엔스가 등장했던 때부터 농경이 나타나기 이전의 시기를 수렵 채집 시대라고 부릅니다. **수렵 채집**이란 주변의 자연 환경으로부터 생존에 필요한 식량과 에너지를 얻는 생활 방식을 뜻합니다. 좀 더 쉽게 이야기하면, 동물을 사냥하거나 물고기를 잡고, 곡식이나 과일을 따먹는 생활이지요.

수렵 채집은 무척 오랜 기간 동안 존재했습니다. 약 25만 년 전부터 농경이 시작되었던 약 1만 년 전까지 호모 사피엔스는 수렵 채집을 통해 먹을 것을 구했습니다. 사실, 아주 오랜 기간 동안 수렵 채집 생활을 했기 때문에 우리가 이들의 생활 방식을 모두 이해한다는 것은 매우 어렵습니다. 하지만 여러 가지 유물이나 유적들이 발굴되면

서 인류가 과거에 어떤 생활을 했는지 부분적으로 이해할 수 있습니다. 더불어 오늘날에도 수렵 채집 생활을 하는 사람들을 보면서 과거의 퍼즐 조각들을 조금씩 맞춰 나가는 것이지요.

사실, 인간뿐 아니라 지구에 살고 있는 다른 종들도 수렵 채집을 통해 살아갑니다. 예를 들면, 다람쥐는 도토리를 모으고, 나무 구멍 속에서 삽니다. 새들 역시 벌레를 잡고, 나뭇가지를 이용해 둥지를 만들지요. 이와 같이 자연으로부터 필요한 것들을 얻는 것이 수렵 채집입니다. 그러나 인간의 수렵 채집은 동물들과는 상당히 다릅니다. 인간은 동물과는 달리 축적된 정보와 지식을 활용해 다양한 도구를 만들었기 때문입니다. 도구를 사용해 인간은 동물보다 더 많은 식량을 얻을 수 있었고, 좀 더 큰 규모의 공동체를 이룰 수 있었습니다. 그리고 때로는 익숙한 환경으로부터 벗어나 새로운 환경으로 이동했지요.

동굴 벽화와 조각상

정보와 지식을 축적하고 서로 나누며, 이후 세대들에게까지 전해 주는 인간만의 행위를 역사학자들은 **집단 학습**collective learning이라고 부릅니다. 집단 학습을 통해 인간은 주변 환경으로부터 얻을 수 있는 자원과 식량에 대한 정보를 수집, 축적, 전수할 수 있었습니다. 쉽게 말하면, 어떤 식량이 더 많은 에너지를 제공해 주는지, 어느 곳에 가면 이와 같은 식량을 얻을 수 있는지, 그리고 생존에 필요한 것들을 어떻게 얻을 수 있는지 등에 대한 정보를 함께 나누게 되었습니다. 그리고 이와 같은 집단 학습의 결과, 수렵 채집 시대에는 이전에는 나타나지 않았던 새로운 복잡성이 나타났지요.

20세기 초에 프랑스에서는 **동굴 벽화**가 발견되었습니다. 동굴 벽화는 동굴의 벽에 그려진 그

빌렌도르프의 여인 조각상.
2만 5000년 전에 만들어진 것으로 보이는 여인 조각상이다.

림을 의미하는데, 약 1만 년 전에 그려진 것으로 추정됩니다. 여기에는 말이나 소, 사슴과 같은 동물들의 모습이 비교적 선명하게 그려져 있습니다. 동물의 모습을 그린 동굴 벽화는 프랑스 이외의 다른 지역에서도 발견되었습니다. 스페인에서도 약 3만 년 전에 동물을 그린 벽화가 발견되었고, 최근 인도네시아에서도 4만 년 전의 것으로 추정되는 벽화가 발견되었습니다.

  3~4만 년 전의 시기라면 우리의 직접적인 조상인 호모 사피엔스가 살고 있던 시기입니다. 이들이 다양한 동물의 모습을 그린 이유에 대해서는 아직 명확하게 밝혀진 것은 없습니다. 하지만 어떤 역사학자들은 동굴 벽화의 그림이 주술*적인 의미를 가지고 있다고 해석합니다. 초자연적이고 신비로운 힘이 도울 것이라고 생각한 것이지요. 호모 사피엔스는 동굴의 벽에 여러 가지 동물들을 그리고, 실제로 사냥을 통해 이와 같은 동물을 잡을 수 있을 것이라고 기대했을 것입니

프랑스 라스코 동굴 벽화.

다. 수렵 채집 시대에 생존에 필요한 식량을 충분히 얻을 수 있도록, 그리고 풍요로운 생활을 할 수 있도록 기원하는 마음이 동굴 벽화를 통해 나타난 것이지요.

호모 사피엔스의 열망과 바람은 동굴 벽화 이외의 것에서도 나타납니다. 20세기 초에 오스트리아에서는 여러 개의 유물이 발굴되었습니다. 지층 조사를 통해 약 2만 5000년 전의 유물이라는 사실을 알게 되었습니다. 이 가운데 매우 독특한 것이 사람들의 눈길을 끌었습니다. 바로 뚱뚱한 여성의 모습을 한 조각상이었는데, 실제 여성의 모습과는 달리 배와 가슴이 풍만했습니다. 이 조각상에 대해 역사학자들은 수렵 채집 시대의 사람들이 가지고 있던 기대와 열망이 반영된 것이라고 설명합니다. 오늘날과 비교했을 때 수렵 채집 시대의 평균 수명은 상당히 짧았습니다. 그래서 사람들은 후손들을 많이 낳아 종을 보존하려는 열망을 가지고 있었던 것으로 보입니다.

최초의 문화와 복잡성

동굴 벽화나 조각상을 통해 호모 사피엔스가 가지고 있던 열망은 보다 다양한 형태로 나타나기 시작했습니다. 이 가운데 한 가지는 바로 신앙입니다. 집단 학습을 통해 주변 환경에 대한 관심이 많아지면서 수렵 채집 시대에는 사물에 영혼이 깃들었다는 믿음이 등장하기 시작했습니다. 인간뿐 아니라 다양한 동물들과 식물들, 그리고 주변 환경에 영혼이 깃들어 있다고 생각한 것입니다. 이제, 인간이 생존하기 위해서는 주변 환경과 공존해야 한다는 믿음이 나타나기 시작했고, 특정 동물이나 식물을 신성한 존재로 여기면서 섬기는 행위들이 나타나기 시작했습니다. 원시적인 형태의 신앙이 나타나고, 이를 바탕으로 자신들이 살고 있는 세상에 대한 관점이 형성되기 시작했습니다.

그리고 새로운 현상들이 나타나기 시작했습니다. 사람들은 돌이나 뼈 등에 무늬나 기호를 새기기도 하고, 상아나 조개껍질로 목걸이나 팔찌 등의 장신구를 만들기 시작했습니다. 또한 동물의 뼈로 간단한 악기를 만들기도 했지요. 역사학자들은 이와 같은 장신구나 악기가 주로 죽은 사람을 땅에 묻을 때 사용했던 것으로 생각하고 있습

남아프리카의 블롬보스 동굴에서 발굴된 유물.

니다. 돌로 사냥에 필요한 도구만 만들었던 시기와 비교해 본다면 그야말로 새로운 복잡성이 아닐 수 없습니다.

집단 학습으로 인해 수렵 채집 시대는 점점 더 복잡해지기 시작했습니다. 이미 살펴본 것처럼 그림과 조각, 장신구, 원시 형태의 신앙 등 이전에는 발생하지 않았던 새로운 변화들이 나타났는데, 이는 모두 집단 학습의 결과였습니다. 지난 수십억 년 동안 지구의 수많은 종들이 자연 환경의 변화에 따라 적응해 왔습니다. 그러나 인간은 다른 종들과는 달리 환경의 변화에 적응하는 독특한 원동력을 가지게 되었습니다. 바로 문화*입니다. 수렵 채집 시대에 집단 학습을 통해 이루어지기 시작한 문화는 이후 인류 사회가 더욱 복잡해지는 골디락스 조건이 되었습니다.

교환 네트워크의 형성과 발전

다른 생명체들과는 달리 문화를 만들어 나가자 인류 사회에 다양한 변화들이 발생했습니다. 이 변화들 가운데 한 가지는 바로 교환입니다. 수렵 채집 시대의 생산성은 오늘날과 비교한다면 매우 낮았습니다. 생산성이 낮았기 때문에 먹여 살릴 수 있는 인구도 많지 않았을 것입니다. 당시 인구 규모를 가늠할 만한 명확한 증거들이 없지만, 역사학자들은 약 3만 년 전에 전 세계에 살고 있던 사람들이 대략 50만 명 정도였을 것이라고 생각합니다. 오늘날 서울시의 인구가 약 1000만 명이라는 사실과 비교한다면, 상당히 적었던 것으로 볼 수 있지요.

수렵 채집 시대에 사람들은 주변의 자연 환경으로부터 식량을 얻었습니다. 따라서 환경의 변화에 따라 여러 지역을 이동할 수밖에 없었습니다. 주로 이동 생활을 했기 때문에 공동체의 규모는 그다지 크지 않았습니다. 공동체의 규모가 크면 함께 이동하기에 불편했기 때문입니다. 소규모의 공동체 사회였기 때문에 성인이 되었을 때 주로 거리가 떨어진 공동체에서 배우자를 찾았습니다. 다른 공동체에서

수렵 채집 시대의 창

배우자를 찾는다는 사실은 공동체들끼리 서로 연결되었다는 사실을 의미합니다. 이와 같은 유대 관계로 인해 다양한 것들이 교환되기 시작했습니다.

우선, 서로 다른 공동체가 가족 관계를 맺으면서 사람들의 교환이 발생했습니다. 자신이 태어나고 생활했던 공동체를 떠나 다른 공동체의 구성원, 즉 가족이 된 것입니다. 그러자 오랫동안 공유하고 축적했던 정보와 지식들도 교환되기 시작했습니다. 이제 사람들은 생존에 필요한 더 많은 정보를 얻게 되었지요. 이전보다 빠른 속도로 정보와 지식이 교환되고 축적됨에 따라 어떤 정보가 더 이로운지 따져 봐야만 했고, 이에 대한 생각들도 주고받기 시작했습니다. 그리고 수렵 채집 사회는 빠른 속도로 변화하기 시작했습니다.

　빠른 속도로 중요한 정보와 지식이 축적됨에 따라 수렵 채집 시대의 사람들은 환경의 변화에 좀 더 잘 적응할 수 있게 되었습니다. 이제는 더 많은 식량을 얻고자 하는 바람을 동굴 벽화에 그리는 것뿐만 아니라 사냥에 유리한 새로운 도구들을 만들었습니다. 날카로운 돌로 만든 창이나 화살 등은 집단 학습을 통해 나타난 대표적인 사냥 도구라고 할 수 있지요. 물론 오늘날 기술의 발전 속도와 비교한다면 이 시기의 기술 변화는 너무 느려서 거의 느낄 수 없는 정도입니다. 하지만 비록 매우 느린 속도였을지라도 분명히 인간 사회는 변화하고 있었습니다. 그리고 이와 같은 변화는 이제 주변 환경에도 조금씩 영향을 미치기 시작했습니다.

　수렵 채집 시대의 인간들이 주변 환경의 변화에 더 잘 적응하기 위해서는 다양한 정보와 지식이 필요했습니다. 지식과 정보가 축적되면서 도구나 기술의 발전

이 나타났지요. 그리고 새로운 사냥 도구들은 수렵 채집 사회의 모습을 조금씩 변화시켰습니다.

이 시기에 인간이 환경에 미친 영향을 잘 보여 주는 현상은 바로 대형 동물*들의 멸종입니다.

수렵 채집 시대의 대표적인 대형 동물로는 매머드나 코뿔소, 말 등을 들 수 있습니다. 몸집이 크기 때문에 한 번 사냥을 하면 인간에게 많은 식량을 제공해 줄 수 있는 동물들입니다. 사냥 도구를 만드는 기술이 발전하면서 이와 같은 종들의 수는 매우 빠른 속도로 감소했습니다. 그리고 몇 세기 이내에 멸종해 버렸지요. 대형 동물의 멸종은 지금까지 지구의 환경 변화에 따라 나타났던 대멸종과는 그 의미가 다릅니다. 환경의 변화에 적응하지 못한 종들이 멸종한 것이 아니라 주변 환경에 대한 인간의 영향력이 커지면서 지구에서 사라져 버린 종들이기 때문입니다.

집단 학습으로 인해 이제 인간 사회에는 더욱 새로운 현상들이 나타나기 시작했습니다. 인간 사회는 더욱 빠른 속도로 변화하기 시작했지요. 인간은 환경의 변화에 더욱 빠르게 적응했고, 이제는 인간에게 유리하도록 환경을 이용하기 시작했습니다. 그리고 수렵 채집 시대에 나타났던 이와 같은 변화와 복잡성을 바탕으로 이제 인간 사회는 새로운 단계로 이동하기 시작했습니다.

알아 두면 유용한 용어

★ **주술**
초자연적인 혹은 신비로운 힘을 빌어 인간의 문제를 해결하려는 생각이나 행위.

★ **문화**
개인이나 집단이 만들고 축적해 온 물질적·정신적 산물. 언어, 도덕, 풍습, 종교, 학문, 예술, 제도 등이 모두 문화에 속한다.

★ **대형 동물**
매머드처럼 몸집이 큰 동물. 아메리카에서는 수렵 채집 시대에 노동력으로 활용할 수 있는 대형동물이 멸종했기 때문에 아프로-유라시아와는 다른 패턴의 농경이 발전했다.

매머드

9
농경의 출현과 도시 및 국가의 탄생

농경은 우리 삶을 어떻게 바꾸었을까?

최초의 길들이기

 벨기에의 한 마을에 할아버지와 함께 사는 소년이 있었습니다. 어느 날 할아버지는 버림 받은 개 한 마리를 데리고 왔습니다. 소년은 개를 친절하게 돌보아 주었고, 곧 친한 친구가 되었습니다. 할아버지를 대신해 소년이 우유 배달을 하게 되자 개가 수레를 끌어 주기도 했답니다. 하지만 마을의 지주가 자신의 딸과 친하게 지냈던 소년을 미워했기 때문에 마을 사람들은 소년을 냉정하게 대했습니다. 할아버지가 돌아가신 다음 집에서 쫓겨난 소년은 친구인 개와 함께 자신이 동경하는 화가의 그림을 보면서 죽게 됩니다. 여러분들도 잘 알고 있는 〈플랜더스의 개〉 이야기입니다. 인간과 동물의 우정을 그린 동화이지요.

 개는 인간과 매우 친밀한 관계를 맺는 동물입니다. 그리고 가장 먼저 인간에게 길들여진 동물 가운데 하나이지요. 과학자들은 주변 환경의 변화에 따라 다양한 생명체들이 적응하는 과정을 진화라고 설명합니다. 그렇다면 개가 인간에게 길들여진 것을 진화라고 볼 수 있을까요? 원래 개의 조상은 회색 늑대라고 합니다. 최근 연구 결과에 따르면 약 3만 5000년 전에 개는 늑대/개 공통 조상으로부터 분화되었고, 이후 오랜 시간이 지나면서 점차 인간에게 길들여졌습니다.

그러나 인간이 주변의 모든 동물들을 길들이기 시작했던 것은 아닙니다. 여러분들이 호랑이를 길들인다고 한 번 생각해 보세요. 태어난 지 얼마 되지 않은 호랑이 새끼는 귀여워 보일지도 모릅니다. 하지만 성장함에 따라 날카로운 이빨이나 발톱은 인간에게 매우 위협적입니다. 호랑이를 길들이려다가 오히려 우리가 잡아먹힐지도 모르지요. 따라서 인간은 상대적으로 온순한 동물들을 길들일 수밖에 없었

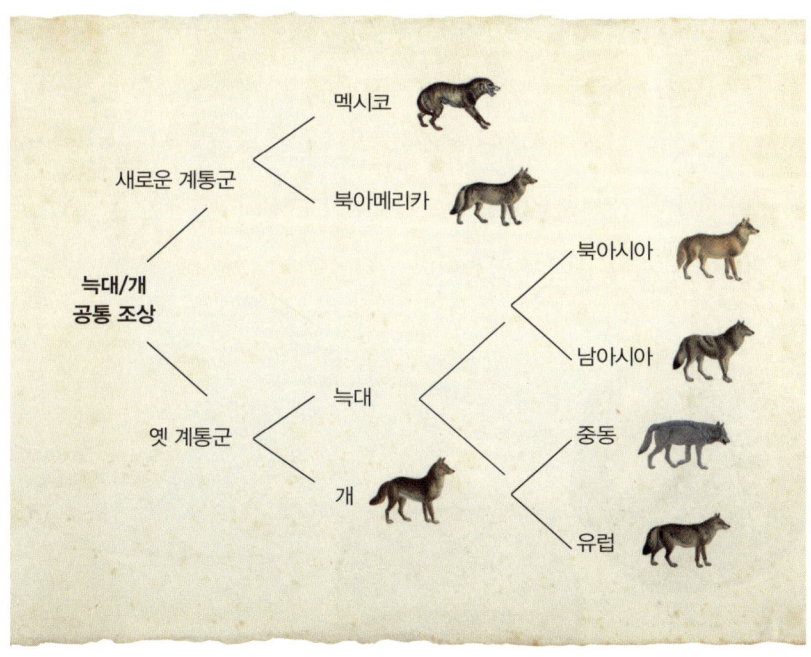

개의 진화. 개는 약 3만 5000년 전 늑대/개 공통 조상으로부터 갈라져 나온 것으로 보인다.

습니다. 대표적으로는 양이나 돼지, 닭 등을 들 수 있습니다. 이들 동물들은 인간에게 위협적이지 않고, 보통 6개월에서 1년 정도면 다 자랍니다. 고기뿐 아니라 털이나 우유, 알 등도 제공해 주기 때문에 인간의 입장에서는 일단 길들이기만 하면 매우 이로운 동물이었습니다.

식물 또한 마찬가지였습니다. 지구에 존재하는 수많은 식물들 가운데 인간이 길들이기 시작한 것은 맛이 좋고 더 많은 식량을 제공해 줄 수 있는 종들이었습니다. 다양한 식물 가운데 인간이 처음 길들이기 시작한 것은 바로 밀이었습니다. 이집트의 신화에 따르면 생명의 신인 오시리스(지하 세계의 신. 풍요의 신)가 죽고 그곳에 나타난 식물이 바로 밀입니다. 신이 밀로 부활한 것이지요. 따라서 이집트에서 밀은 인간에게 매우 귀중하고 중요한 식물이었습니다. 그리스 신화에서도 밀은 중요한 식물이었습니다. 그리스 은화의 앞면에는 땅과 풍요의 여신인 데메테르(땅의 여신. 농경과 곡물의 신)의 모습이, 그리고 뒷면에는 밀이 새겨져 있습니다.

그리스 은화에 새겨진 데메테르와 밀

농경의 골디락스 조건

인간에게 유용한 동물과 식물을 길들인 것은 언제부터였을까요? 수렵 채집 시대와는 달리 왜 사람들은 동물과 식물을 길들이기 시작했을까요? 그리고 농경이 시작되면서 인간 사회에 나타난 변화는 무엇일까요? 이와 같은 질문에 대한 대답을 찾기 위해 우리는 가장 먼저 지구의 환경 변화를 살펴보아야 합니다.

우리는 지난 45억 년 동안 지구의 환경이 끊임없이 변화해 왔다는

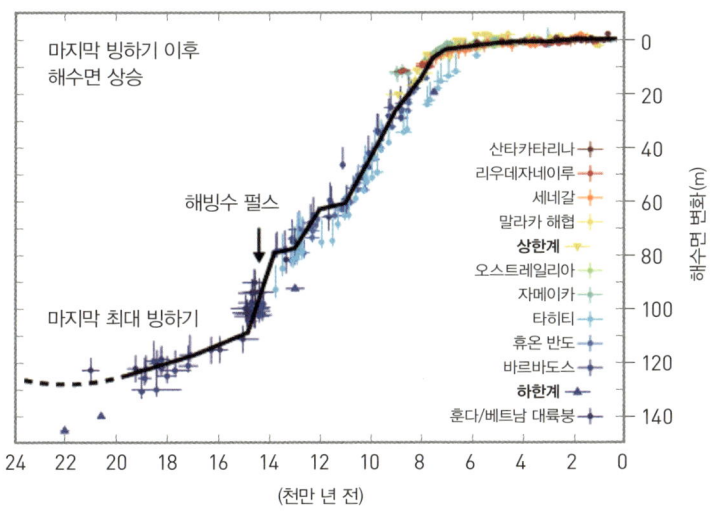

사실을 알고 있습니다. 약 1만 년 전부터 마지막 빙하기*가 끝나고 지구는 점점 더 따뜻해졌습니다. 빙하가 녹기 시작했고, 해수면이 높아졌습니다. 마치 오늘날 우리가 경험하고 있는 지구 온난화*처럼 말입니다. 차이점이 있다면, 약 1만 년 전에 발생했던 지구 온난화는 지구와 우주의 관계가 변화하면서 나타났던 현상이지만, 오늘날의 지구 온난화는 지구와 우주의 관계 외에도 자연 환경에 대한 인간의 영향력이 더욱 커지면서 그 속도가 급속하게 증가하고 있다는 것입니다.

온난화로 인해 지구의 환경도 변화했습니다. 환경의 변화에 적응하는 속도가 느린 대형 동물들은 사라져 버리고, 토끼나 사슴처럼 몸집이 작은 동물의 수는 더욱 많아졌습니다. 물론 대형 동물의 멸종에는 사냥 도구의 발달도 매우 중요한 역할을 담당했지요. 견과류*처럼 따뜻한 기후에서 잘 자라는 새로운 식물들도 나타났습니다. 새로운 종의 동물과 식물이 등장하면서 이제 인간은 여러 지역을 이동하지 않고 특정 지역에 머물면서 생존에 필요한 식량을 얻

지구 온난화

©Kim Hansen

을 수 있게 되었습니다. 그리고 더 많은 식량을 제공해 줄 수 있는 동물과 식물을 길들이기 시작했습니다. 따라서 지구 온난화는 농경의 첫 번째 골디락스 조건입니다.

  수렵 채집 시대에는 인구가 증가하면 다른 지역으로 이동했습니다. 따라서 언제든지 쉽게 이동할 수 있도록 작은 규모의 공동체를 형성했지요. 그러나 남극을 제외한 대부분의 지역으로 호모 사피엔스가 확산된 이후에는 인구가 증가하더라도 더 이상 이동할 지역이 없었습니다. 결국 자신들이 살고 있는 지역 안에서 인구의 증가라는 문제를 해결해야만 했습니다. 주어진 자연 환경 속에서 더 많은 식량과 에너지를 얻어야만 했지요. 더 많은 식량을 얻기 위해 인간은 동물과 식물의 여러 종들을 선택해서 길들이기 시작했습니다. 이러한 점에서 본다면 빠르게 일어났던 인구 증가는 농경이 발생하게 된 두 번째 골디락스 조건인 셈입니다.

기술의 발전과 변화

이제 수렵 채집으로부터 농경으로 생활의 중심이 옮아가자 인간의 생활은 훨씬 빠른 속도로 변화하기 시작했습니다. 농경이 시작되면서 인간 사회에 두드러지게 나타났던 변화 가운데 한 가지는 바로 기술의 발전입니다.

물론, 기술의 발전은 수렵 채집 시대에도 나타났습니다. 약 250만 년 전부터 인간은 돌을 사용해 사냥에 필요한 도구들을 만들기 시작했고, 이와 같은 도구들은 시간이 흐름에 따라 더욱 날카로워졌습니다. 그러나 기능이나 모양, 재료 등에 있어서는 큰 변화가 없었습니다.

농경과 더불어 나타났던 기술의 발전 가운데 한 가지는 관개 시설*입니다. 사람들은 오랫동안 가뭄이 지속되면 작물들이 말라 죽는다는 것을 경험했고, 농경에 물이 매우 중요하다는 사실을 알게 되었습니다. 그래서 근처의 강이나 호수로부터 물을 끌어오는 방법에 대해 고민하게 되었습니다. 역사학자들에 따르면, 기원전 6000년경 수메르에서 관개 시설을 처음 개발했고, 이후 이집트를 비롯한 다른 지역들에서도 농경에 관개 시설을 활용하기 시작했습니다.

사람들은 농경을 통해 점차 수렵 채집 시대보다 더 많은 식량을 얻게 되었습니다. 그리고 남는 잉여 생산물을 보관하기 위해 토기를 만들기 시작했습니다. 처음에는 나뭇가지나 풀로 바구니를 만들어서 사용했는데, 쉽게 망가졌기 때문에 흙으로 그릇을 만들고 불에 구워 단단한 토기를 만들었습니다. 우리나라에서도 기원전 4000년경부터 토기를 만들기 시작했습니다. 대표적인 것으로는 빗살무늬 토기를 들 수 있는데, 빗살 무늬를 새긴 이유에 대해서는 아직 명확하게 밝혀지지 않았습니다. 하지만 잉여 생산물을 저장하기 위해 만들었던 토기는 농경 사회에서 나타났던 새로운 기술의 변화였다는 점은 분명한 사실입니다.

빗살무늬 토기

도시와 국가의 탄생

기술의 발전과 잉여 생산물의 증가로 이제 공동체의 규모는 더욱 커지고 복잡해졌습니다. 그리고 인간 사회에는 이전에는 나타나지 않았던 더욱 복잡한 것이 등장했습니다. 바로 도시입니다. 최초의 도시는 기원전 5000년경에 오늘날 이라크 지역에 해당하는 수메르에서 나타났습니다. 역사학자들에 따르면 수메르에서는 농경을 위해 관개 시설을 개발했고, 다양한 도구들을 만들었습니다. 뿐만 아니라 주변

잉카 제국에서는 문자 대신 매듭을 이용한 결승문자 '퀴푸'로 정보를 교환했어요.

지역과 다양한 물건들을 교환하는 교역이 번성하기도 했습니다. 당시 도시의 인구는 수만 명에 달했던 것으로 알려져 있습니다.

공동체의 규모가 커지고 복잡해짐에 따라 도시에서는 새로운 복잡성들이 나타났습니다. 잉여 생산물의 양이나 종류를 파악하기 위해 문자가 만들어졌고, 간단한 회계*가 등장했습니다. 사람들 사이의 복잡한 관계를 조정하고 이를 해결하기 위해 계약이나 법도 만들어졌지요. 그리고 이러한 일을 직업으로 삼는 전문가들이 나타났는데, 이들은 새로운 지배 계층이 되었습니다. 그 결과, 인류 역사에서 처음으로 국가가 등장하게 되었습니다. 곧 인구 증가와 잉여 생산물의 증가라는 요소들이 통치 조직, 제도 등과 같은 골디락스 조건과 만나서 국가라는 새로운 복잡성이 나타나게 된 것입니다.

우리나라에 전해 오는 신화 가운데 호랑이와 곰에 관련된 이야기가 있습니다. 하늘의 황제인 환인의 아들 가운데 환웅이라는 신이 있었는데, 인간들이 사는 세계에 많은 관심을 가지고 있었습니다. 그래서 세 명의 신과 3000명의 수행원을 거느리고 태백산의 신단수로 내려와 인간들을 다스렸습니다. 어느 날, 한 마리의 곰과 호랑이가 환웅을 찾아와 인간이 되게 해 달라고 빌자 환웅은 이들에게 쑥과 마늘을 주면서 100일 동안 햇빛을 보지 않으면 인간이 될 수 있을 것이라고 했습니다. 호랑이는 참지 못하고 뛰쳐 나갔지만, 이를 견뎌 낸 곰은 여자로 변했습니다. 그리고

인간으로 잠시 변신했던 환웅과 결혼해서 아이를 낳았지요. 이 아이가 바로 우리나라 최초의 국가 고조선을 세운 단군입니다.

　세계 최초의 국가가 언제, 어디에서 나타났는지에 대해서는 분명하지 않습니다. 하지만 역사학자들은 기원전 5000년쯤 농경이 시작되고 도시가 발전했던 지역에서 국가들이 등장했을 것이라고 생각합니다. 기원전 3000년경에는 이집트가 독자적인 통치 조직을 구성하고 여러 지역들을 통합해서 국가를 만들었습니다. 중국이나 인도, 그리고 중앙아메리카에서도 국가가 등장했습니다. 이제 지구의 여러 지역들에서 왕을 비롯해 성직자, 군인, 법률가, 관리 등을 비롯한 지배 계층이 나타났고, 나머지 사람들은 이들에게 복종하는 방법을 배워야만 했습니다. 인간 사회의 불평등은 심화되기 시작했지요.

　이와 같은 불평등을 잘 보여 주는 현상 가운데 한 가지는 바로 거대한 건축물입니다. 당시 지배 계층은 다른 사람들보다 자신의 사회적 지위나 부를 과시하고 싶어 했습니다. 그래서 무덤이나 신전, 궁전 등과 같은 거대한 건축물을 짓기 시작했습니다. 우리가 잘 알고 있는 피라미드는 사회적 지위가 높고 엄청난 부와 권력을 가졌던 이집트 왕인 파라오*의 무덤입니다. 이집트에서 가장 규모가 큰 피라미드는 기원전 2500년경에 만들어진 쿠푸 왕*의 피라미드인데, 밑변의 길이가 230미터, 그리고 높이가 약 140미터에 달합니다. 과학자들에 따르면 쿠푸 왕의 피라미드는 무게 2.5톤의 바위들을 230만 개 정도 쌓

쿠푸 왕의 피라미드

은 크기이며, 20년 동안 10만 명의 노동자들이 피라미드를 건설한 것으로 추정됩니다. 실로 엄청난 규모의 건축물이지요.

역사학자들은 이와 같이 거대한 규모의 건축물을 짓기 위해서는 엄청난 권력을 가진 지배자가 존재했을 것이라고 생각합니다. 이집트에서는 파라오가 이러한 권력을 가지고 있었습니다. 파라오는 이집트 정치와 종교의 최고 지배자였고, 인간이 아니라 신의 아들로 생각되었습니다. 따라서 대규모의 피라미드는 신에 대한 경외심뿐만 아니라 파라오의 권위를 잘 보여 주기 위한 건축물이었습니다. 피라미드를 통해 지배를 받는 사람들이 사회적 불평등에 대해 불만을 가지는 것이 아니라 오히려 이를 당연하게 받아들이고 최고 지배자인 파라오에게 복종하도록 했던 것입니다.

스핑크스

강력한 권력을 가진 국가가 등장하면서 새로운 복잡성이 나타났습니다. 대표적인 것으로는 세금을 들 수 있습니다. 국가가 나타나기 이전에는 자신이 가지고 있는 것보다 더 많은 식량이나 자원을 얻기 위해 다른 공동체를 습격하고 약탈*했습니다. 초기 국가에서도 이와 같은 약탈이 자주 발생했습니다. 이후 지배자들은 효과적이고 합법적인 약탈이 필요하다는 사실을 알게 되었지요. 그래서 지배를 받는 사람들에게 세금을 걷기 시작했습니다. 무엇보다도 세금은 자원을 축적하기 위해 강제성을 가진다는 점에서 이전 사회와는 구별되는 방식이었습니다. 따라서 어떤 역사학자들은 세금이야말로 국가의 가장 중요한 특징이라고 설명하기도 합니다.

국가가 효율적으로 세금을 걷기 위해 활용한 수단은 바로 군대였습니다. 군대는 무장을 한 거대한 집단을 의미합니다. 따라서 군대를 유지하고 움직이기 위해서는 강제력을 행사할 수 있어야 합니다. 결국 국가가 등장하기 이전에는 군대가 나타날 수 없었습니다. 군대의 주된 목적은 국가의 부와 질서를 지탱하는 것입니다. 더 많은 식량이나 자원, 그리고 노동력을 얻기 위해 다른 국가들과 전쟁이 발생하는 경우, 군대는 국가에 반드시 필요한 것이었습니다. 그리고 군대를 유지하기 위해서는 농경에 종사하는 사람들로부터 세금을 걷어야만 했습니다.

도시나 국가가 만들어진 현상은 우주에서 별이 만들어진 것과 매

고대 이집트의 전쟁을 다룬 그림(14세기경에 그려진 것으로 추정됨).

우 유사합니다. 중력이 우주에 떠돌아다니는 물질들을 끌어당겨 별을 만들었던 것처럼, 인구가 증가하고 복잡해지면서 도시 또는 국가라는 새로운 사회 구조가 나타나게 된 것입니다. 그리고 별의 탄생과 마찬가지로, 도시와 국가가 만들어지자 인간 사회는 더욱 복잡해졌습니다. 다양한 사람들이 모여 살기 시작했고, 수많은 정보들이 교환되었지요. 이러한 점에서 농경의 시작, 도시와 국가의 형성은 인간의 역사를 이전보다 훨씬 빠른 속도로 변화시키고, 더욱 복잡하게 만들었던 중요한 임계국면입니다.

알아 두면 유용한 용어

★ **빙하기**
지구의 기온이 내려가 빙하가 확장되는 시기를 빙하 시대라고 하며, 빙하 시대에는 더 추웠던 시기인 빙하기와 덜 추웠던 시기인 간빙기가 존재했다. 빙하기가 가장 심했던 7억 5000만 년 전에는 빙하가 적도 지역까지 뒤덮기도 했다.

★ **지구 온난화**
지구의 평균 온도가 상승하는 현상. 특히 19세기 말 이후 지구의 평균 온도는 연평균 0.6도 이상 상승했는데, 이와 같은 지구 온난화의 가장 중요한 원인은 바로 산업화 및 인간이 자연에게 미치는 영향이라고 볼 수 있다.

★ **견과류**
단단한 껍질이 알맹이를 감싸고 있는 과일류. 대표적인 견과류로는 밤이나 호두, 아몬드, 코코넛 등을 들 수 있다.

★ **관개 시설**
농경에 필요한 물을 끌어오기 위한 시설. 많은 노동력과 기술이 필요하다.

★ **회계**
거래하고 교환한 것들을 낱낱이 기록, 분류, 요약하고 작성하는 기술.

★ **파라오**

고대 이집트의 최고 통치자. 정치와 종교를 함께 지배했다. 신과 같은 존재로서 이집트를 보호하는 것이 가장 큰 의무였다.

★ **쿠푸 왕Khufu(기원전 3세기경)**

이집트의 제4왕조 파라오. 기원전 3세기경 인물이다. 이집트 나일 강 유역의 도시인 기자에 거대한 피라미드를 세웠다.

★ **약탈**

전쟁이 벌어지는 지역에서 그곳 주민들의 재산을 빼앗는 행위.

10
세계의 연결과 글로벌 네트워크

이 세상은 어떻게 연결되기 시작했을까?

최초의 세계 일주

1325년, 한 무슬림 청년이 성지 순례를 위해 모로코를 떠나 메카*로 향했습니다. 하지만 그가 고향으로 돌아온 것은 25년이나 지난 후였습니다. 성지 순례 이후 청년은 고향으로 돌아가지 않고 아프리카로 향했습니다. 그리고 러시아와 카자흐스탄, 인도를 거쳐 중국까지 갔다가 다시 스페인과 아프리카 남부로 향했습니다. 1997년 미국의 유명 잡지인 〈라이프Life〉에서 선정했던 '지난 1000년 간 100명의 위인들'에도 포함되었던 이 청년은 바로 이븐 바투타Ibn Battuta*입니다.

14세기 초에 이븐 바투타가 아프로-유라시아 전역을 여행할 수 있었던 것은 무엇보다도 다른 세계에 대한 지식과 정보를 서로 나눌 수 있었기 때문입니다. 농경이 시작되고, 도시와 국가가 탄생한 이후 엄청난 양의 정보와 지식이 축적되었습니다. 문자의 발명으로 이와 같은 정보와 지식은 더욱 효과적으로 전해질 수 있었지요. 또한 8세기 중반 이후 중국으로부터 종이를 만드는 방법이 이슬람을 통해 유럽으로 전해지면서 이제 지배 계층뿐 아니라 대중들도 책을 통해 더 많은 정보를 얻을 수 있게 되었습니다. 집단 학습의 속도가 더욱 빨라진 것입니다.

사실, 세계 간의 연결은 이븐 바투타의 여행 이전부터 나타났습니다. 수렵 채집 시대에는 결혼을 통해 가까운 공동체들과 교환 네트워크가 형성되었고, 농경이 시작되고 다양한 기술들이 발전함에 따라 점차 멀리 떨어진 지역들까지 교환 네트워크 속으로 들어오기 시작했습니다. 이와 같은 교환 네트워크 속에서 상품과 자원이 교환되었고, 인간과 전염병이 이동했으며, 종교나 사상 등이 확산되었습니다. 그리고 점차 세계는 연결되기 시작했습니다. 이와 같은 현상을 역사학자들은 글로벌 네트워크global network라고 부릅니다.

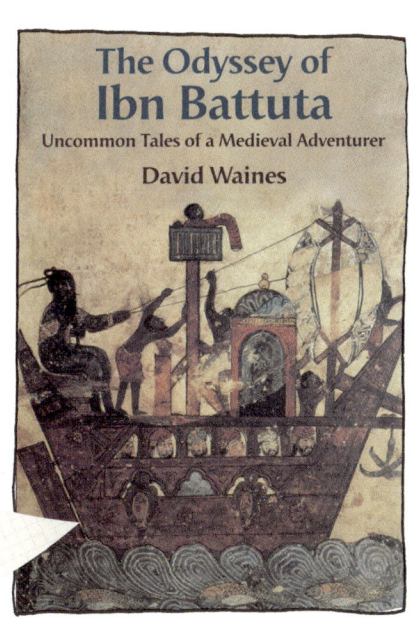

세 개의 대륙을 여행한 이븐 바투타의 여행기

최초의 글로벌 네트워크, 실크로드

역사학자들에 따르면 최초의 글로벌 네트워크는 기원전 2세기경에 나타났던 실크로드silk road입니다. 실크로드는 중국에서부터 중앙아시아와 서아시아, 아프리카, 그리고 유럽까지 연결했던 글로벌 네트워크였습니다. 교역되었던 상품 가운데 비단이 유명했기 때문에, 19세기 말부터 '실크로드'라고 부르기 시작했습니다.

이 시기에 살았던 사람들은 아메리카 대륙에 대해 알지 못했기 때문에 이들에게 실크로드는 전 세계를 연결하는 네트워크였습니다. 비단을 비롯해 다양한 상품들과 많은 사람들이 이동했으며, 인도에서 시작된 불교 역시 실크로드를 따라 중국으로 이동했지요. 그리고 몽

골 제국이 팽창했던 14세기 초까지 아프로-유라시아를 연결하는 글로벌 네트워크로서 번영했습니다.

실크로드는 육지뿐만 아니라 바다에서도 형성되었습니다. 인도양은 바다를 통해 아프로-유라시아를 연결하는 데 매우 중요한 지역이었습니다. 오늘날 말레이시아의 남서쪽에 믈라카라는 항구 도시가 있습니다. 1300년대부터 매우 유명한 항구 도시였는데, 후추를 비롯한 향신료가 교환되었기 때문입니다. 향신료는 음식에 맛이나 향을 더해 주는 물질입니다. 대표적인 향신료에는 후추나 생강, 계피 등이 있습니다. 우리나라에서는 더운 여름에 곶감과 잣을 띄운 수정과를 만들어 먹는데, 여기에 계피나 생강이 들어갑니다. 특히 계피는 소화를 돕고, 심신을 안정시키는 데 도움이 된다고 알려져 있습니다.

인도양에서 교환되는 향신료 가운데 가장 유명했던 것은 바로 후추입니다. 원래 인도 남부 지역에서 재배되었는데, 15세기 유럽에서 매우 인기 있는 향신료였습니다. 고기나

생선의 냄새를 없애 주고, 맛을 더욱 좋게 해 주었기 때문입니다. 유럽에서 후추의 소비량이 증가하면서 후추는 매우 비싼 상품이 되었습니다.

후추

 당시 후추는 원산지인 인도와 이슬람 및 베네치아의 중개 상인을 거쳐 유럽으로 수입되었는데, 그 가치가 금과 맞먹을 정도였습니다. 15세기 중반에 이슬람 제국이 팽창하면서 후추 수입이 어렵게 되자, 유럽인들은 이제 직접 후추를 구하기로 마음먹었지요.

15세기 중국의 항해와 아프로-유라시아

15세기까지 유럽인들은 지리적으로 아프로-유라시아 네트워크의 주변부에 있었습니다. 뿐만 아니라 이 시기에 전 세계적으로 가장 부유했던 곳은 중국과 인도였지요.

경제학자들에 따르면 1850년대까지 전 세계 GDP(국내총생산)의 3분의 2는 중국과 인도에 집중되어 있었습니다. 따라서 경제적으로도 유럽인들은 아프로-유라시아 네트워크에서 상당히 낮은 수준이었습니다. 후추를 비롯한 값비싼 향신료를 얻기 위해 유럽인들은 바다를 통한 교역로 발견에 많은 관심을 가지기 시작했습니다. 그리고 이슬람이나 중국으로부터 여러 가지 과학 기술들을 적극적으로 받아들이기 시작했습니다.

정화의 원정을 통해 아프리카에서 중국으로 오게 된 기린.

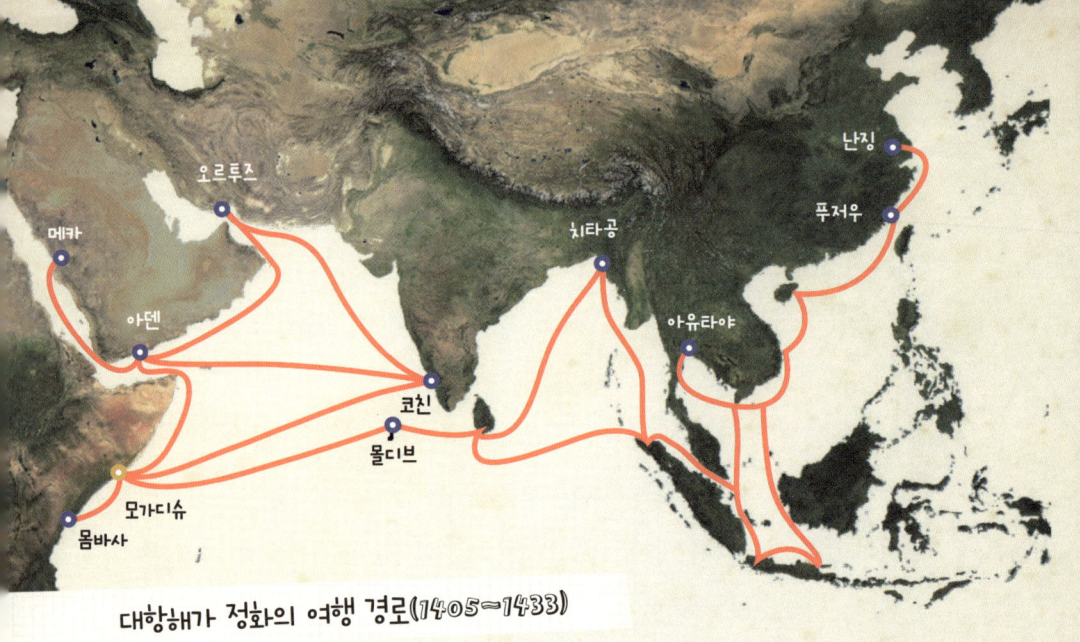

대항해가 정화의 여행 경로(1405~1433)

　　15세기 초에 중국에서는 대규모의 해상 원정이 시작되었습니다. 총 일곱 차례에 걸쳐 동남아시아와 서남아시아, 그리고 아프리카까지 60척 이상의 선박들과 3만 명 정도의 사람들이 이동했습니다. 이 대규모의 원정은 15세기까지 전 세계적으로 가장 규모가 컸던 원정으로서, 이를 이끌었던 사람은 정화라는 이슬람 출신의 환관*이었습니다. 이후 유럽인들은 중국으로부터는 선박 제조 기술이나 나침반과 같은 도구를 받아들였고, 이슬람으로부터는 천문 항해 기술과 돛을 만드는 방법을 받아들였습니다. 그 결과, 15세기 말에 유럽인들은 유럽을 떠나 다른 지역으로 항해하기 시작했습니다.

콜럼버스의 교환과
전 세계의 연결

　15세기 말에 나타났던 유럽인의 항해 가운데 중요한 것은 바로 크리스토퍼 콜럼버스Christopher Columbus(1451~1506)의 항해입니다. 콜럼버스는 원래 인도에 가려고 했습니다. 귀한 향신료와 금이나 은과 같은 보물들을 유럽으로 가져오려는 것이었지요. 하지만 콜럼버스가 도착한 곳은 인도가 아닌 아메리카였습니다. 약 1만 5000년 전에 호모 사피엔스가 아메리카로 이동한 이후 콜럼버스가 도착하기 전까지 그곳에는 많은 원주민들이 살고 있었습니다. 따라서 콜럼버스는 아메리카를 발견한 것이 아닙니다. 뿐만 아니라 콜럼버스는 아메리카로 이동한 최초의 유럽인도 아닙니다. 이미 11세기에 바이킹*이 오늘날 캐나다의 뉴펀들랜드 지역으로 이동했기 때문입니다. 그렇다면 콜럼버스의 항해가 중요한 이유는 무엇일까요? 바로 콜럼버스의 항해 이후 아프로-유라시아와 아메리카가 하나의 네트워크로 통합되었기 때문입니다.

　콜럼버스의 항해 이후 아프로-유라시아와 아메리카 사이에서 다양한 동식물과 상품, 그리고 질병의 교환이 전 지구적으로 일어났습

니다. 역사학자들은 이를 '콜럼버스의 교환*'이라고 부릅니다. 아프로-유라시아에서 아메리카로 이동한 것들 중 가장 심각한 영향을 미쳤던 것은 바로 전염병이었습니다. 수렵 채집 시대에는 전염병이 발생하면 그 지역을 떠나 다른 지역으로 이동했지만, 농경이 시작되고 정착 생활을 하게 되자 전염병은 인간 사회에 많은 영향을 미쳤습니다. 아프로-유라시아에서 전염병이 처음 발생했을 때에는 매우 치명적이었지만, 전염병에 대한 면역력이 생기게 되면서 사망자 수도 점점 감소했습니다.

하지만 아메리카에서는 상황이 매우 달랐습니다. 유럽인들과 접촉했던 아메리카 원주민들에게 천연두나 홍역 등과 같은 아프로-유라시아의 전염병은 낯선 질병이었습니다. 아무런 면역력이 없었던 원주민들 사이에서 전염병은 빠르게 퍼졌고, 사망자 수는 급증했습니다. 콜럼버스가 아메리카에 도착한 이후 1세기가 지나지 않아 아메리카 원주민의 수는 90% 이상 감소했습니다. 우리가 이미 살펴보았던 생명체의 대멸종과 크게 다르지 않습니다. 지금까지 많은 역사학자들은 유럽인들이 아메리카를 정복할 수 있었던 원인

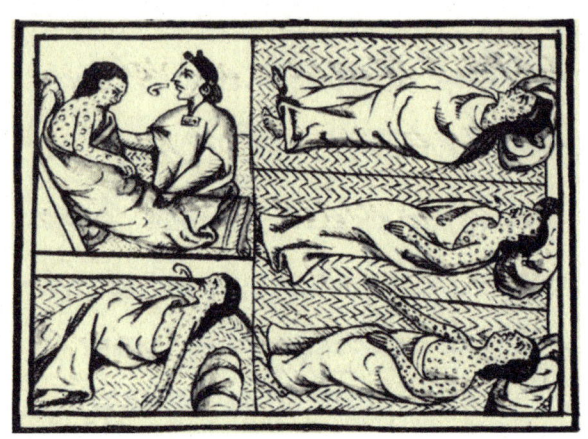

유럽인들과의 접촉이 늘어나자, 아메리카 원주민들 사이에서 전염병이 빠르게 퍼져 나갔다.

으로 과학 기술의 발전이나 종교적 우월성 등을 강조해 왔습니다. 그러나 실제로 아메리카 원주민들과 생태계에 가장 심각한 영향을 미쳤던 것은 바로 아프로-유라시아로부터 이동했던 전염병이었습니다.

아프로-유라시아의 전염병이 아메리카에 치명적인 영향을 미쳤다면, 아메리카에서 아프로-유라시아로 이동한 것들 가운데 가장 중요한 것은 감자였습니다. 안데스 산맥이 원산지인 감자는 가뭄에 강합니다. 18세기에 유럽으로 감자가 전해졌고, 특히 아일랜드에서 감자를 많이 재배했습니다. 당시 잉글랜드의 지배를 받고 있던 아일랜드는 매우 가난했습니다. 하지만 감자를 재배하기 시작하면서 아일랜드 농민들은 굶주림으로부터 벗어날 수 있었고, 인구도 빠르게 증가했습니다. 하지만 19세기 중반에 감자가 썩는 전염병이 발생하면서 아일랜드 인구는 다시 감소했고, 수백만 명의 사람들이 미국으로 이주했습니다. 감자 덕분에 대규모의 인구 이동이 발생한 것이지요.

아프로-유라시아와 아메리카 사이의 대규모 인구 이동을 초래했던 또 다른 작물은 바로 사탕수수였습니다. 사탕수수는 동남아시아에서 재배되는 작물로서 설탕의 원료입니다. 12세기에 십자군 전쟁*을

아프리카 원주민을 싣고 항해하는 노예배……。

통해 유럽에 전해졌는데, 유럽인들에게 설탕은 매우 귀한 음식이었습니다. 이후 15세기 말에 콜럼버스가 카리브 해 연안에 사탕수수를 가져갔고, 이제 이 지역에서는 대규모의 사탕수수 플랜테이션*이 시작되었습니다. 사탕수수를 재배해서 설탕으로 만들기 위해서는 수많은 노동력이 필요했고, 결국 아프리카 원주민들을 노예로 데려오기 시작했습니다. 유럽인들의 부를 축적하기 위해 아프리카 원주민들이 강제로 이주해야만 했던 것입니다.

18세기 중반에 시작된 항해는 이제 지구 전체를 하나의 글로벌 네

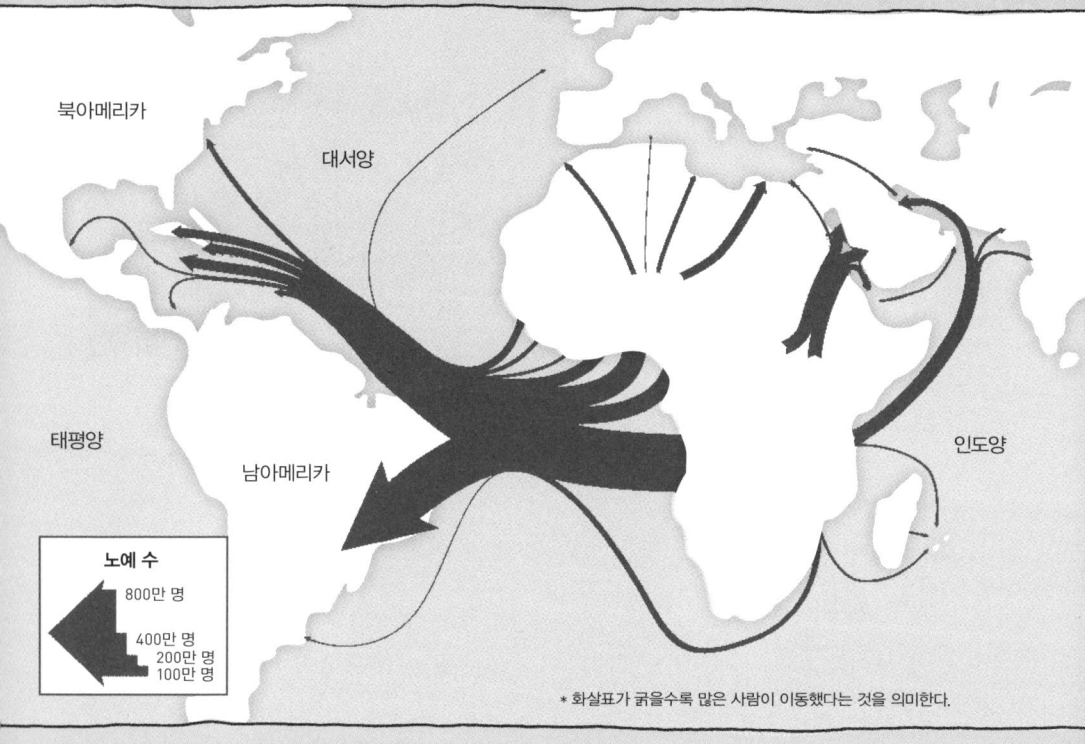

16~20세기 사이에 일어났던 아프리카 원주민의 강제 이주.

트워크로 끌어들였습니다. 제임스 쿡James Cook(1728~1779) 선장은 오스트레일리아와 뉴질랜드를 탐험했고, 처음으로 남극을 탐험했습니다. 뿐만 아니라 태평양에 위치한 수많은 섬들도 탐험했지요. 이제 지구에 인간이 알지 못하는 지역은 더 이상 없었습니다. 말 그대로 지구 자체가 하나의 글로벌 네트워크가 된 것입니다. 이와 같은 현상은 점차 빨라진 집단 학습의 결과였습니다. 엄청난 지식과 정보들이 축적되었고, 기술의 발전이 나타나면서, 이전에는 일부 지역들만 연결했던 네트워크는 그 규모가 더욱 커졌습니다. 그리고 인간 사회에서는 지구화라는 이전에는 나타나지 않았던 새로운 복잡성이 나타나게 되었습니다.

알아 두면 유용한 용어

★ **메카**
이슬람교의 창시자인 무함마드의 출생지. 이슬람교의 성지이다.

★ **이븐 바투타** Ibn Battuta(1304~1368)
14세기 초에 성지 순례를 떠나 25년 간 세계를 돌아다녔던 무슬림 여행가. 당시 전 세계적으로 확산되었던 이슬람교 덕분에 그의 여행이 가능했다.

★ **GDP** Gross Domestic Product
국가에서 발생한 모든 생산 활동. 경제성장률의 지표로 사용된다.

★ **환관**
남성의 생식 기능을 없애고, 궁에서 왕이나 황제의 시중을 들거나 잡무를 보는 관원.

★ **바이킹**
8세기~11세기까지 해상 활동이 활발했던 노르만 족. 인구 증가와 식량 부족 때문에 식민지를 건설하기 위해 유럽의 여러 지역들을 정복했다.

★ **콜럼버스의 교환**
1492년 콜럼버스가 아메리카로 이주한 이후 아프로-유라시아와 아메리카 사이에서 발생했던 생물학적 교환. 동물과 식물, 인간뿐만 아니라 전염병도 함께 교환되었고, 서로 다른 두 생태계에 급격한 변화를 초래했다.

★ **십자군 전쟁**

11세기 말부터 13세기 말까지 성지인 예루살렘을 되찾기 위해 그리스도교와 이슬람교 사이에 발생했던 전쟁. 이후 정치적·경제적 성격을 지닌 전쟁으로 변질되었으며 십자군 전쟁을 계기로 설탕이 유럽에 처음으로 건너갔다.

★ **플랜테이션**

16세기 이후 유럽의 일부 국가들이 아메리카나 동남아시아 등의 지역에 설립한 대농장. 유럽인의 자본과 원주민의 노동력이 결합되었으며, 주로 사탕수수나 면화, 고무, 커피 등을 재배했다.

11
산업화와 인류세

현대 사회는 어떻게 출현했을까?

새로운 에너지의 사용과 산업혁명

　19세기 중반 런던의 한 빈민 구제소에서 소년이 태어났습니다. 아버지는 누구인지 모르고, 어머니는 소년을 낳다가 세상을 떠났습니다. 고아원으로 보내진 소년은 추위와 굶주림에 시달리다가 런던으로 도망칩니다. 하지만 공장이 밀집한 대도시에서 그가 살아갈 수 있는 길은 거의 없었습니다. 결국 도둑 소굴로 들어가게 된 소년은 자신의 의지와는 상관없이 도둑질을 하게 되었고, 친절한 사람들의 도움으로 어두운 과거로부터 벗어나게 됩니다. 그리고 훌륭한 청년으로 성장하게 되지요. 찰스 디킨스*의 유명한 소설인 〈올리버 트위스트〉의 내용입니다.

　이 소설의 배경은 19세기 중반의 런던입니다. 당시 영국에서는 산업혁명이 급속하게 확산되고 있었습니다. 18세기 중반, 기술의 발전과 혁신으로 나타난 산업혁명은 사회의 복잡성을 더욱 증가시켰습니다. 산업혁명은 영국에서 가장 먼저 발생해서 다른 지역들로 확산되었습니다. 오랫동안 역사학자들은 영국의 산업혁명을 매우 특별한 현상이라고 생각하면서, 다른 국가들이 이를 그대로 따라야만 한다

18세기 중반, 영국의 산업혁명은 전 지구적으로 빠르게 확산되었다.

고 주장했습니다. 하지만 최근에는 지역이나 국가마다 기술의 발전과 복잡성의 증가가 다르게 나타날 수 있다고 주장하는 역사학자들이 증가하고 있습니다.

 18세기 중반에 전 지구적으로 퍼져 나갔던 변화 가운데 한 가지는 바로 새로운 연료의 사용입니다. 이전에 사람들이 가장 많이 사용했던 연료는 목재였습니다.

 16세기 말부터 지구 전체가 추워지기 시작했는데, 과학자들을 이 시기를 소빙기Little Ice Age★라고 부릅니다. 겨울이 매우 춥고 길어지면서 추위를 이기기 위해 많은 연료가 필요했습니다. 하지만 목재 공

급량은 충분하지 못한데다 목재를 필요로 하는 곳이 더 많아져서 목재 가격이 폭등했습니다. 가난한 사람들은 추위를 이길 수 없었지요. 게다가 혹독한 추위 때문에 작물이 제대로 자라지 못해 굶어 죽는 사람들의 수가 급증했습니다. 수백 년에 걸쳐 전 지구적으로 나타났던 현상입니다.

목재가 부족해지자 사람들은 새로운 연료를 찾을 수밖에 없었습니다. 이와 같은 상황 속에서 새로운 연료로 등장한 것이 바로 석탄입니다. 석탄은 오랜 시간 동안 땅에 묻혀 있던 식물이 열이나 압력 등의 영향을 받아 탄소가 풍부한 물질로 변화한 것을 의미합니다.

기록에 따르면 중국에서는 기원전부터 석탄을 사용했습니다. 유럽에서는 9세기경부터 석탄을 사용했던 것으로 알려져 있습니다. 하지만 당시 석탄의 사용량은 그리 많지 않았습니다. 그 이유로 흑사병*이 얘기되기도 합니다.

14세기에 아프로-유라시아 네트워크를 따라 중국에서부터 유럽으로 흑사병이 확산되었습니다. 전염병에 걸린 사람들은 살이 썩어 검게 변했습니다. 어떤 역사학자들은 사람들이 검은색을 죽음을 의미하는 불길한 색으로 생각했고, 이 때문에 석탄 사용량이 많지 않았다고 주장하기도 합니다.

231

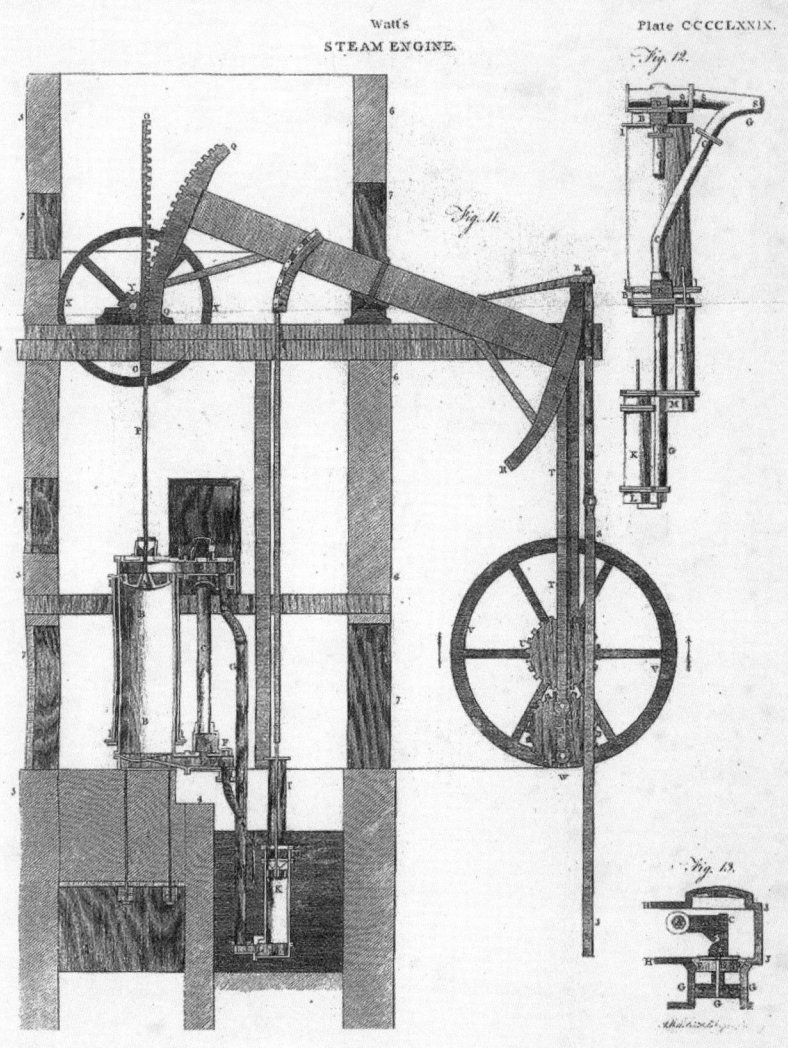

제임스 와트의 증기 기관

증기 기관과 네트워크의 확산

산업혁명이 가장 먼저 발생했던 영국은 지질학적으로 석탄층이 널리 분포해 있는 지역이었습니다. 목재가 부족해지자 사람들은 석탄을 새로운 연료로 사용하기 시작했습니다. 처음에는 땅 위로 노출된 석탄을 캐서 사용했습니다. 그러다가 석탄 사용량이 점점 많아지면서 지하에 묻힌 석탄을 캐내야만 했지요. 하지만 이 과정에서 문제가 발생했습니다. 석탄을 채굴할 때 물이 고이기 시작했기 때문입니다. 결국 사람들은 탄광 속에서 고이는 물을 빼내기 위해 새로운 기술을 개발했는데, 바로 증기 기관입니다. 우리가 잘 알고 있는 제임스 와트 James Watt*는 다른 사람들이 개발한 증기 기관을 개량해서 좀 더 널리 사용될 수 있도록 한 발명가입니다.

더 많은 석탄을 채굴하기 위해 발명된 증기 기관은 빠르게 확산되었습니다. 특히 기관차나 선박 등과 같은 교통수단에 사용되면서 새로운 복잡성이 나타나게 되었습니다.

19세기 초에 증기 기관차 덕분에 다양한 상품, 원료, 사람들이 먼 거리를 빠른 속도로 이동할 수 있었습니다. 영국뿐만 아니라 전 세계의 여러 국가들에서는 경쟁적으로 철도를 건설하기 시작해, 철도 건설이 유행처럼 번졌습니다. 철도 덕분에 여러 지역들은 이제 하나의 생활권 속으로 들어오기 시작했습니다. 여러 개의 네트워크들이 하나의 네트워크 속으로 들어온 것입니다.

철도 건설이 확산되면서 이와 관련된 여러 가지 산업들 역시 발전했습니다. 기관차를 만들기 위해 제철과 철강 산업이 발전했고, 철도 레일을 만들기 위한 토목 산업 역시 발전했습니다. 특히 철도 건설은 엄청난 자본이 필요했던 대규모의 사업이었기 때문에 금융업도 발전

수많은 중국인 이민자들이 미국 대륙횡단철도 건설에 동원되었다.

하기 시작했습니다. 이와 더불어 수많은 노동력도 필요했습니다. 19세기 중반에 미국에서는 중부와 서부를 연결하는 대륙횡단철도*가 건설되었는데, 수많은 이민자들이 건설 현장에서 일했습니다. 대부분 중국이나 아일랜드에서 이주한 이민자들이었습니다. 그리고 노동력을 효과적으로 관리하고 통제하기 위해 '경영'을 비롯한 새로운 학문들이 등장했습니다. 이제 수많은 사람들이 도시로 이주하기 시작했습니다. 산업화 이후 공장들이 만들어지면서 도시에는 이전보다 훨씬 많은 일자리들이 생겼고, 가난과 굶주림에 시달렸던 사람들은 새로운 기회를 찾아 도시로 이주했습니다. 이와 같은 이주에 철도가 중요한 역할을 담당했지요.

증기 기관은 철도뿐 아니라 선박에서도 사용되었습니다. 증기 기관을 동력으로 사용해 배가 움직이도록 한 것입니다. 유럽인들은 한때 중국이나 이슬람으로부터 돛을 만드는 방법을 받아들인 적이 있었는데, 증기 기관을 사용하게 되자 더 이상 돛이 필요하지 않게 되었습니다. 배는 더욱 커졌고, 더 많은 물건과 사람들을 운송할 수 있게 되었습니다. 영국과 미국 사이에는 증기선이 정기적으로 운항되기 시작했고, 사람들의 생활은 매우 빠르게 변화했습니다. 이제는 농촌에서 도시로 이주하는 사람들뿐 아니라 바다를 건너 새로운 국가로 이주하는 사람들의 수가 가파르게 늘어나기 시작했습니다. 증기선과 더불어 대규모의 인구 이동이 나타난 것입니다.

서유럽의 부상과 전쟁

새로운 에너지와 증기 기관을 만들자 유럽의 여러 국가들은 점차 증기선을 군함으로 사용했습니다. 그리고 전 세계의 여러 지역들에 기지들을 세웠습니다. 이 네트워크를 중심으로 이제 유럽은 아프로-유라시아 네트워크의 주변부에서 점차 중심부로 이동했습니다. 유럽이 중심지가 되기 시작한 것입니다. 중국이나 인도처럼 막대한 부를 원했던 유럽인들은 더 많은 상품과 원료, 그리고 노동력을 얻기 위해 전 세계에 걸쳐 식민지를 건설하기 시작했습니다. 물론 증기선과 최신 무기 덕분이었지요. 더 많은 식민지를 가진 국가가 강대국이 되면서 유럽의 일부 국가들 사이에서는 부와 권력을 둘러싼 분쟁이 일어났습니다. 그리고 이는 결국 대규모의 전쟁으로 이어졌습니다. 바로 제1차 세계대전과 제2차 세계대전입니다.

특히 제2차 세계대전은 전체 인류에게 엄청난 충격을 주었습니다. 전쟁을 끝내기 위해 엄청나게 강력한 원자폭탄을 무기로 사용했기 때문입니다.

원자폭탄은 '맨해튼 프로젝트Manhattan Project'를 통해 만들어졌습니다. 미국이 전쟁을 일으켰던 독일보다 먼저 원자폭탄을 만드는 것이 이 프로젝트의 가장 중요한 목표였습니다. 20세기의 유명한 과학자인 알베르트 아인슈타인Albert Einstein(1879~1955) 역시 이 프로젝트에 참여했습니다. 하지만 1945년 8월에 일본 히로시마와 나가사키에 원자폭탄이 투하되자 수많은 사람들은 할 말을 잃었습니다. 히로시마의 경우, 원자폭탄 투하로 도시 전체 인구의 약 3분의 1이 사망하거나 부상을 당했고, 생존자들은 아직까지도 고통에 시달리고 있습니다. 정말 끔찍한 일이 아닐 수 없습니다.

산업화 이후 과학 기술이 급속하게 발전하면서 새로운 복잡성들이 나타났습니다. 교통과 통신이 발전하면서 멀리 떨어진 사람들과도 쉽게 연락을 주고받을 수 있고, 자동차와 비행기가 발명되면서 사람들의 이동은 더욱 빨라졌습니다. 냉장고, 전자레인지, 청소기, TV 등 다양한 전자 제품들 덕분에 사람들의 생활은 더욱 편리해졌고, 풍요로워졌습니다. 의학의 발전으로 전염병을 치료할 수 있는 약과 백신이 개발되었고, 공중보건과 위생이 향상되었습니다. 사람들은 더욱 건강해졌고, 결과적으로 평균 수명은 2배 이상 증가했습니다. 예전에는 지배 계층만 교육을 받을 수 있었지만, 이제는 전 세계 인구의 약 80% 이상이 글을 읽고 쓸 수 있습니다.

그러나 이와 같은 복잡성이 우리에게 늘 긍정적인 것만은 아닙니다. 오늘날 우리 앞에는 과거 어느 시기보다도 심각한 문제들이 놓여

1945년 일본 히로시마에 원자폭탄이 투하되었다.

있습니다. 비록 원자폭탄의 투하로 제2차 세계대전이 종식되었지만, 아직까지도 전 세계적으로 전쟁이 빈번하게 발생하고 있습니다.

제2차 세계대전이 끝난 후, 세계는 미국을 중심으로 한 자유주의 세계와 소련을 중심으로 한 공산주의 세계로 나뉘어졌습니다. 이와 같이 사상과 이념의 대립이 심각했던 시기를 역사학자들은 냉전cold war*이라고 부릅니다.

그리고 오늘날 전 세계는 민족 갈등, 종교 분쟁, 인종 차별로 몸살을 앓고 있으며, 무장단체 IS의 테러 등으로 수많은 사람들이 희생되고 있습니다.

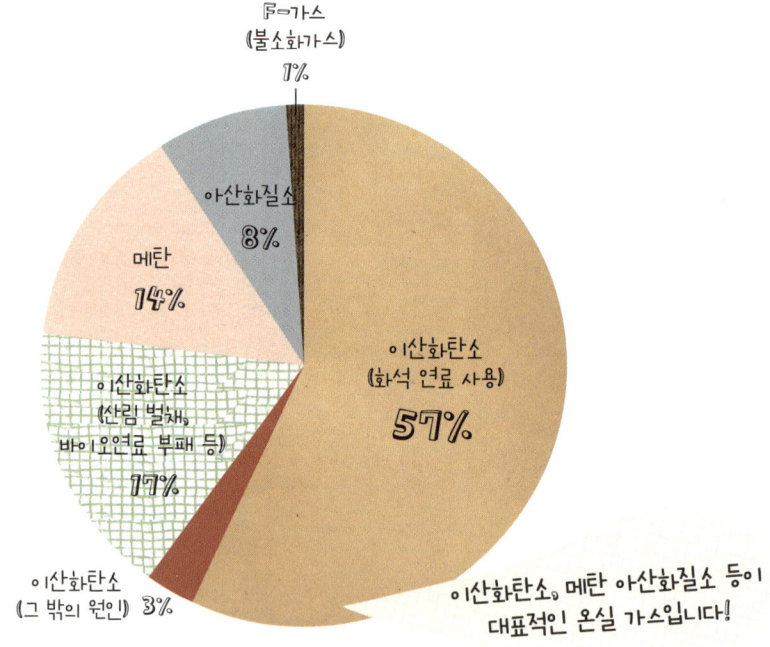

지구 온난화로 북극과 남극의 빙하가 녹게 되면 북극곰과 같은 극지방 동물들이 생존의 위협을 받는다.

우리가 직면하고 있는 또 다른 문제로는 지구 온난화와 환경 문제를 들 수 있습니다. 약 1만 년 전에 농경이 처음 시작되었던 골디락스 조건 가운데 한 가지는 바로 지구 온난화입니다. 45억 년에 걸친 지구의 역사 속에서 온난화는 반복적으로 나타났습니다.

하지만 과학자들은 19세기 후반부터 산업화로 인한 온실 가스*가 증가하면서 지구 온난화가 더욱 빨라졌다고 주장합니다. 지구에 대한 인간의 영향력이 커지면서 자연 환경과 생태계가 위협받고 있는 것이지요. 극지방의 빙하가 빠른 속도로 녹으면서 해수면이 상승하고, 해안가에 위치한 도시들이 물에 잠기기 시작했습니다. 인간뿐 아니라 수많은 종들이 지구 온난화로부터 심각한 영향을 받는 중입니다.

새로운 시대, 인류세

오늘날 사람들은 새로운 사실을 깨닫게 되었습니다. 바로 인간이 인간뿐 아니라 수많은 종들이 함께 살고 있는 지구 그 자체를 위협할 수 있다는 사실을 말입니다. 그래서 노벨상 수상자인 네덜란드 화학자 파울 크뤼천Paul Crutzen은 산업화 이후의 시기를 '인류세Anthropocene*'라고 부릅니다. 인류세는 인간이 주변 환경에 미치는 영향력이 다른 어느 종들보다도 심각해진 시기를 의미합니다. 산업화 이후 대기와 물, 토양 등은 급속하게 변화했고 오염되기 시작했습니다. 그리고 인간이 개발한 원자폭탄과 같은 핵무기는 이제 인간뿐 아니라 지구에 살고 있는 모든 종들을 파괴할 수 있을 정도로 강력합니다.

이러한 점에서 산업화가 시작된 이후 인간 사회에 나타났던 수많은 복잡성들은 우주와 생명, 그리고 인간의 역사에서 중요한 임계국면이 될 수 있습니다. 산업화 이후 지구 그 자체가 하나의 복잡한 글로벌 네트워크 속에 포함되면서 이제 인간은 스스로뿐 아니라 지구에 살고 있는 모든 종의 운명을 결정할 수 있는 매우 강력한 힘을 가지게 되었습니다. 이제 우리가 가지고 있는 이와 같은 강력한 힘을 어떻게 사용할 것인지에 대해 생각해야 할 때입니다. 바로 우리의 미래와 연결되기 때문입니다.

알아 두면 유용한 용어

- ★ **찰스 디킨스** Charles Dickens(1812~1870)

  19세기 영국의 소설가. 사회 비판과 풍자의 성격이 강한 소설들을 주로 썼다.

- ★ **소빙기** Little Ice Age

  13세기부터 17세기 후반까지 비교적 추운 날씨가 계속 되었던 시기.

- ★ **흑사병** Black Death

  14세기 초에 동남아시아로 원정을 갔던 몽골 제국의 군대가 중국으로 되돌아오면서 함께 이동했던 전염병. 쥐의 벼룩을 통해 다른 동물이나 사람에게 감염되며, 14세기 중반에는 유럽으로 이동해 당시 유럽 인구의 3분의 1 정도가 감소했다.

흑사병 환자를 맡았던 흑사병 의사. 일부 의사들은 부리처럼 생긴 가면을 썼다.

★ **제임스 와트** James Watt(1736~1819)
18세기 영국의 기술자. 자신이 발명했던 증기 기관과 뉴커먼의 증기 기관을 결합하여 개량했다.

★ **대륙횡단철도**
미국의 중서부를 연결하는 철도. 19세기 후반에 건설되었다.

★ **냉전**
제2차 세계대전 이후 사회주의와 자유주의 체제 사이의 대립. 정치, 외교, 이념 등의 갈등과 군사적 위협 때문에 나타났다.

★ **온실 가스**
지구 온난화의 원인 가운데 한 가지인 대기 중 가스 물질. 대표적인 온실 가스로는 이산화탄소나 메탄 등이 있다.

★ **인류세**
산업화 이후 석탄이나 석유 등의 화석 연료를 사용하면서 인간이 환경과 지구에 미치는 영향력이 급증하기 시작한 시기. 2000년에 네덜란드의 화학자인 파울 크뤼천 Paul Crutzen이 처음으로 제시한 개념이다.

인류세 터널북 체험 활동

● **구체적인 활동**

1) 인류세의 시작인 산업화와 관련된 여러 가지 소설들을 수집하고, 그 내용을 간단하게 정리한다.
2) 친구들과 산업화와 관련된 소설 가운데 한 가지씩 선택한다.
3) 소설에서 가장 중요하다고 생각되는 장면을 3~4개 정도 선택한다.
4) 선택한 장면을 그림으로 그리거나 색종이 등을 사용해서 표현한다.
5) 3~4장의 그림 가운데 가장 마지막 장면이 제일 먼저 나타나도록 하고, 첫 번째 장면이 가장 뒤에 나타나게 한다.
6) 여러 장의 그림들을 연결할 틀을 만들고, 그림들을 서로 연결한다.
7) 터널북을 통해 산업화의 의미나 중요성에 대해 논의한다.

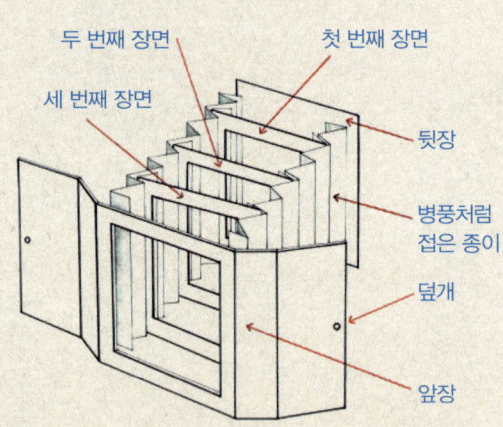

● **함께 읽어 보기** - 산업화 관련 소설

① **삼포 가는 길**

이 작품은 두 부랑자의 귀향길을 작품화한 것으로, 눈 내리는 들길을 걸으며 귀향하는 이야기를 다루고 있다. 주인공들 중 영달은 부랑 노무자로 일을 찾아 돌아다니는 인물이고, 고향을 찾아가는 정씨는 옥살이를 하면서 목공·용접·구두 수선 등 여러 기술을 가지고는 있으나, 어디에서도 정착하지 못하고 고향 삼포를 향해 길을 떠나는 인물이다. 영달은 공사가 중단된 뒤 밥값을 떼어 먹은 채 도망치던 중 정씨를 만나 동행하게 되는데 그들이 들른 찬샘 마을의 한 국밥집에서 술집 작부인 백화가 도망쳤다며 그녀를 잡아 주면 만 원을 지불하겠다는 술집 주인의 제안을 받게 된다. 영달과 정씨는 감천의 기차역을 찾아 가던 도중 우연히 백화를 만나 함께 하게 되며 추위를 면하기 위해 들어간 폐가에서 그들은 백화의 과거에 대한 이야기를 듣게 되고 서로를 이해하고 동정하게 된다. 기차역에 도착하여 백화는 영달에게 자신의 고향으로 함께 가자고 제안하지만 영달은 이를 거절하고 자신의 모든 돈을 털어 내어 기차표와 먹거리를 사서 백화에게 주고 그녀를 혼자 떠나 보낸다. 백화는 영달의 마음씨에 감동하여 그녀의 본명을 알려 주며 다시 만날 것을 이야기하며 떠난다. 이후 영달과 정씨는 기차역 대합실에서 만난 노인으로부터 삼포가 이미 공사판으로 변해 버렸다는 말을 듣게 된다. (정씨의 그리던 고향이 개발 사업으로 인하여 송두리째 사라진 사실을 통하여 부랑 노무자의 정착지가 없어진 현상을 알 수 있는데 이는 1960년대 후반에서 1970년대 초반에 걸친 경제 개발 사업과 함께 야기된 실향민의 고통

황석영의 '삼포 가는 길'

을 묘사한 예가 된다.) 이야기를 듣게 된 정씨는 멍해졌으나 영달은 그곳에서 일자리를 잡자고 제안한다.

② **올리버 트위스트**

고아 올리버는 부모나 다른 친척의 신분을 전혀 모르는 상태로 구빈원에서 생활 기술을 배우는 도제로 지냈는데, 그곳에서 심한 학대를 받는다. 어느 날, 올리버는 불충분한 식사를 한 뒤 더 달라고 요구를 했다가 미움을 사게 돼 장의사의 집으로 팔려 가게 되고, 그곳에서도 역시 심한 학대를 받자 견디다 못해 런던으로 도망치지만 갈 곳이 없어 도둑들의 소굴로 들어가게 된다. 어느 날 밤 도둑

찰스 디킨스의
『올리버 트위스트』

들이 올리버를 데리고 어떤 부잣집에 물건을 훔치러 가게 되고 얼마 가지 않아 경찰들에게 붙잡힐 위기에 처하자, 훔친 물건을 올리버에게 넘기고 도망간다. 올리버는 친구의 죄를 덮어쓰고 체포되지만 부잣집의 주인인 노신사, 브라운로우 씨의 간곡한 부탁으로 무사히 풀려나며 그의 집에서 극진한 간호와 사랑을 받으며 지내게 된다. 이후 심부름을 나왔다가 다시 창녀인 낸시와 도둑인 빌 사이크스에게 잡혀 도둑들의 소굴로 되돌아가게 될 위험에 처하지만 낸시가 올리버를 감싸고 그가 소굴에서 빠져나갈 수 있도록 브라운로우 씨에게 정보를 제공한다. 결국 군중들과 경찰, 그리고 브라운로우 씨가 올리버를 무사히 구출하고 올리버는 다시 브라운로우 씨의 저택으로 되돌아 그의 양자가 되어 행복하게 살아간다. (자본주의의 발흥기였던 19세기 전반의 영국 대도시에서는 심각한 빈곤과 어린이와 부녀들의 열악한 노동 조건이 사회 전반을 어둡게

했다. 이 소설에는 이러한 사회의 모순과 부정이 잘 드러나 있다.)

③ 난장이가 쏘아올린 작은 공

아버지가 난장이인 한 가족의 이야기가 큰아들 영수, 작은아들 영호, 딸 영희의 눈을 통해 전개된다. 서울특별시 낙원구 행복동에 사는 난장이 가족에게 철거 계고장이 날아온다. 아파트 입주권이 나오긴 했으나 입주할 돈이 없으므로 입주권을 팔고 떠날 수밖에 없다. 헐릴 집을 새로 지으려면 130만 원이 필요한데 입주권은 22만 원이고 거기서 전세금을 빼면 7만 원이 남기 때문이다. 난장이인

조세희의 『난장이가 쏘아올린 작은 공』

아버지는 늘 사람들로부터 멸시와 조롱을 받던 인물로 철거민촌의 약자를 상징한다. 영수와 영호는 기력이 쇠해진 아버지를 대신하여 학교를 그만두고 공장에 다니고 있는데 영수는 산업 사회의 최하위 근로자 계층을 대변하는 인물로서 여러 공장을 전전하다가 노동 운동에 뛰어들게 된다. 영호 역시 형과 마찬가지로 여러 공장을 전전한다. 이들이 근무하는 공장의 환경은 엉망이지만 해고가 무서워 아무도 대항하지 못한다. 그러던 도중 부자 사내에게 입주권이 팔리고 영희가 가출하게 된다. 영희는 가장 소중히 여기던 자신의 순결을 팔아 입주권을 산 사내에게 고용되어 동거를 시작하게 된다. 이후 금고에서 입주권을 훔쳐서 집으로 간신히 돌아오지만 아버지가 굴뚝에서 떨어져 죽은 사실을 알게 된다. 그는 변두리 생활을 전전하다 삶의 절망 끝에 공장 굴뚝 위에서 달나라를 향해 종이비행기를 날리고 작은 쇠공을 쏘아올리다 추락사하고 만 것이다.

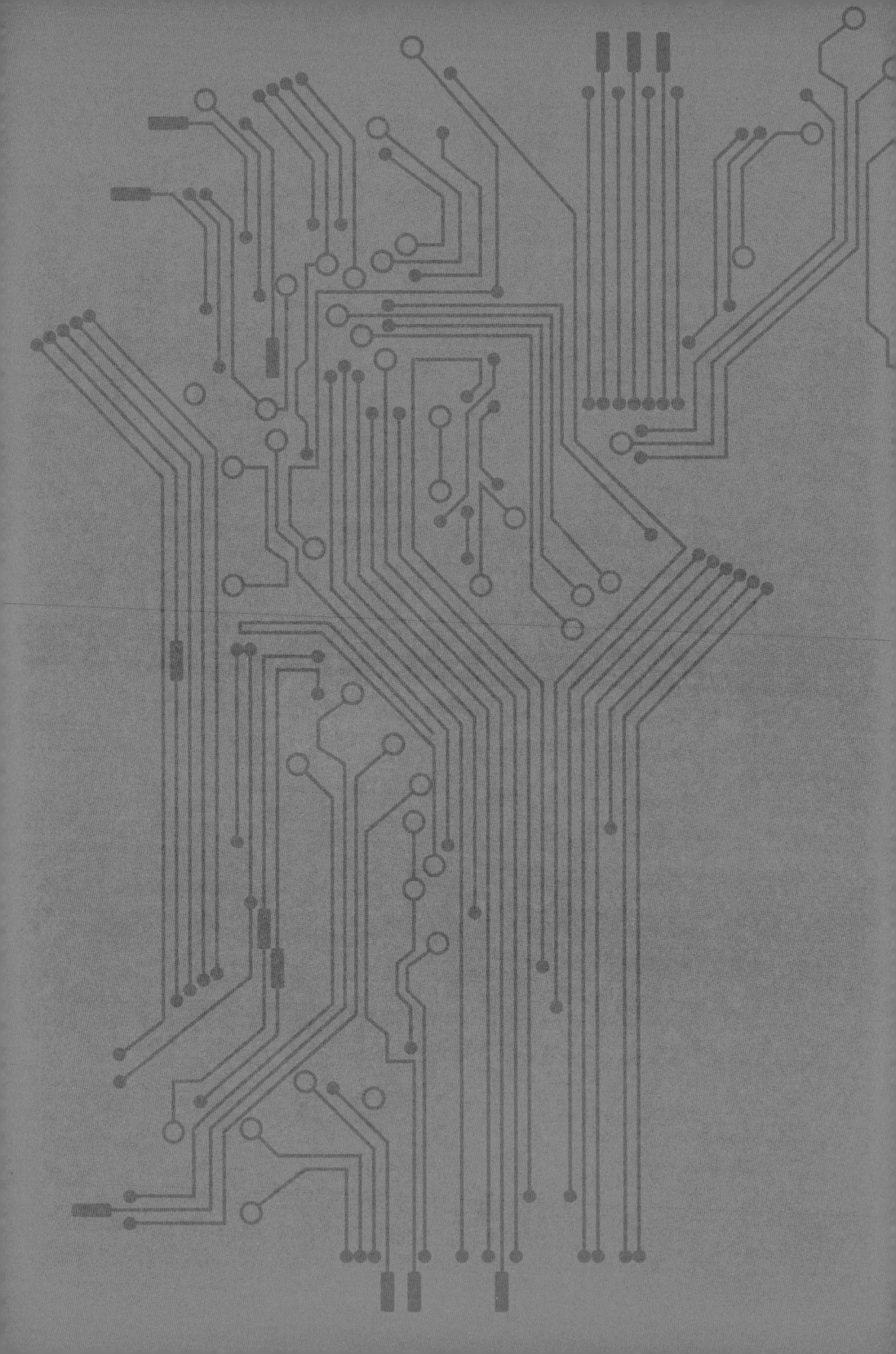

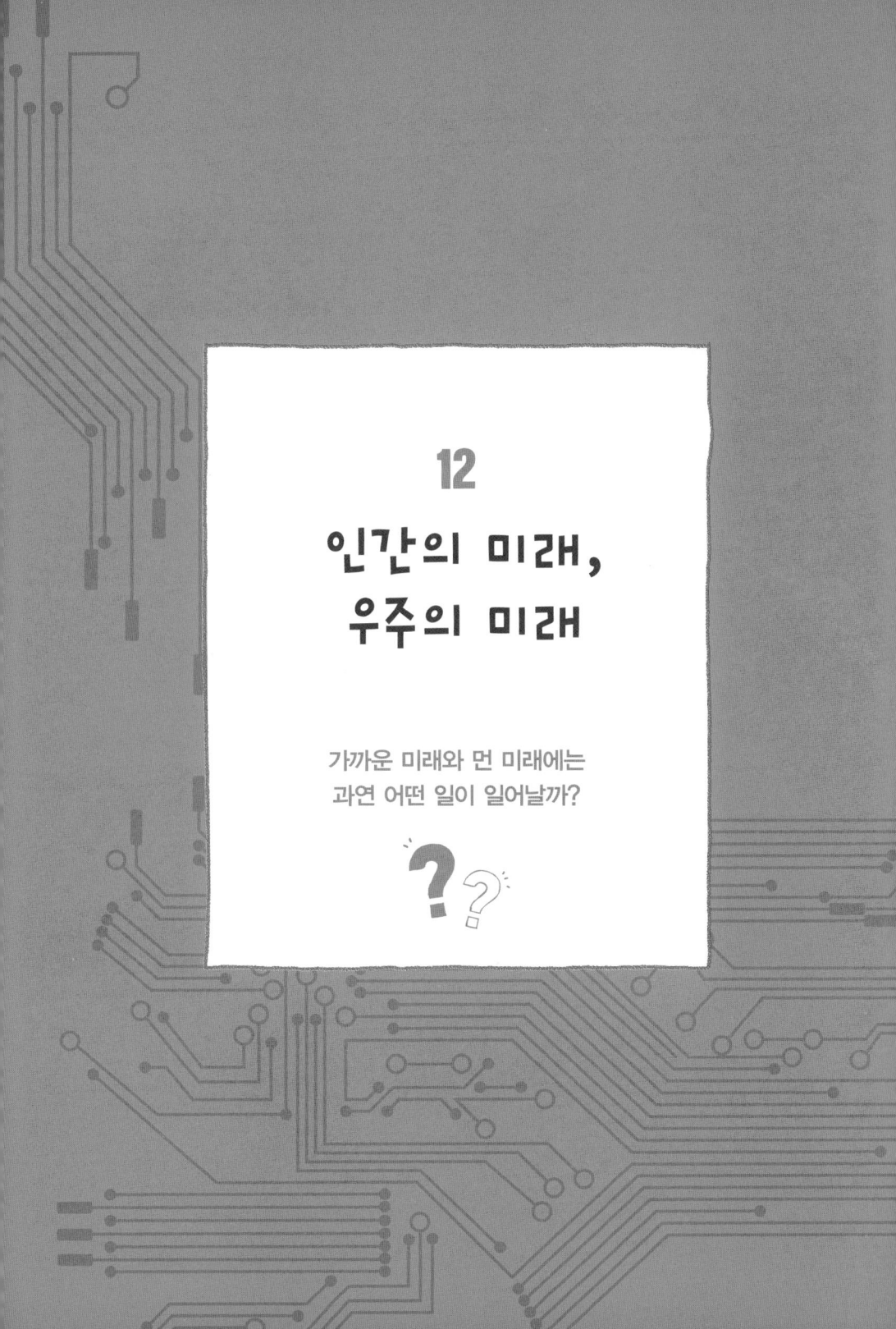

미래를 살펴본다는 것

우리는 지금까지 138억 년 전 우주가 처음 탄생했던 빅뱅에서부터 오늘날에 이르는 여행을 했습니다. 138억 년의 우주라는 큰 퍼즐 판 위에서 우주와 생명, 그리고 인간과 관련된 퍼즐 조각들을 하나씩 맞춰 보았습니다. 물론 퍼즐 조각들은 수없이 많기 때문에 우리가 이 모든 조각들을 완벽하게 맞출 수는 없습니다. 하지만 다양한 요소들이 골디락스 조건과 만나면 이전에는 존재하지 않았던 새로운 복잡성이 나타난다는 전체적인 흐름 속에서 퍼즐 조각들을 맞춰 보았고, 138억 년의 우주에 대한 전체적인 그림을 조금이나마 그릴 수 있게 되었습니다. 빅 히스토리 퍼즐 판에서 우리가 아직 한 조각도 맞추지 못한 부분은 이제 미래밖에 없습니다. 빅 히스토리는 138억 년 전 우주의 시작에서부터 미래까지, 즉 138억 년+α라는 시간과 공간을 다룹니다.

미래를 살펴본다는 것은 상당히 어려운 일입니다. 역사학자들은 다양한 기록과 유물들을 관찰하고 해석함으로써 과거에 나타났던 현상을 이해할 수 있습니다. 반면, 미래는 아직 발생하지 않았기 때문에 어떤 현상이 어떻게 나타날지 미리 이야기한다는 것은 쉽지 않은 일입니다. 하지만 산업화 이후 인간이 주변 환경과 지구 전체에 미치는 영향력은 점점 커지고 있습니다. 인류가 오늘날 우리가 직면한 문제들을 어떻게 해결하느냐에 따라 인간뿐 아니라 지구의 미래가 긍정적일 수도, 혹은 부정적일 수도 있습니다.

빅 히스토리는 138억 년 전부터 지금까지 나타났던 수많은 현상들을 살펴보고, 그 속에서 구조와 패턴을 발견하려고 합니다. 그리고 이와 같은 구조나 패턴을 바탕으로 미래에 어떤 현상이 발생할 것인지 예측해 봅니다.

이를 위해 빅 히스토리에서는 미래를 크게 두 가지 차원으로 구분하고 있습니다. 한 가지는 가까운 미래이고, 다른 한 가지는 먼 미래입니다. 가까운 미래가 앞으로 다가올 수십 년 혹은 수백 년의 미래를 의미한다면, 먼 미래는 우주의 나이만큼은 아니어도 수십억 년 후의 미래를 의미합니다. 지금까지 우리가 맞춰 본 퍼즐 조각들을 통해 큰 그림을 상상해 볼 수 있는 것은 바로 이 두 가지 차원의 미래이지요.

가까운 인류의 미래

일본에서 만든 애니메이션에는 쥐를 무서워하고 단팥빵을 좋아하는 고양이가 등장합니다. 그런데 이 고양이는 사실 공부도, 운동도 잘하지 못하는 주인공을 돕기 위해 미래 세계에서 파견한 로봇입니다. 바로 여러분도 잘 알고 있는 도라에몽입니다. 도라에몽은 4차원의 주머니에서 신기한 물건이나 도구들을 꺼내 주인공이 위기에 처할 때마다 도와줍니다. 도라에몽의 주머니에서 나오는 물건들로는 시간과 공간을 이동할 때 사용하는 타임머신이나 누군가를 잡을 때 사용하는 요술 손, 컴퓨터가 내장되어 있어 문제를 대신 풀어 주는 컴퓨터 연필 등이 있습니다. 정말 매혹적인 물건들이 아닐 수 없습니다.

재미있는 사실은 도라에몽의 주머니에서 나오는 물건들 가운데 일부가 현실에서도 개발될 수 있다는 점입니다. 이 애니메이션은 1969년에 처음 만들어졌습니다. 지금으로부터 약 45년 전이지요. 수십 년의 시간이 흐르고 과학 기술이 급속하게 발전하면서 당시 사람들이 현실에서 존재할 수 없다고 생각했던 물건들이 점차 개발되기 시작했습니다. 이제 오늘날 과학 기술로 물건을 휘거나 구부릴 수도 있고,

투명하게 만들 수도 있습니다. 이런 기술들을 통해 수많은 도구들의 크기를 작게 만들거나 모양을 변형시켜 도라에몽의 주머니 속으로 쏙 들어가게 할 수 있을 겁니다.

뿐만 아니라 친구가 여행 가는 것을 부러워하던 주인공이 자신도 여행을 가고 싶다고 하자 도라에몽은 주머니에서 실내 여행 세트를 꺼냅니다. 전 세계의 여러 곳의 풍경을 입체적으로 보여 주는 도구이지요. 오늘날 우리는 3D 디스플레이* 기술을 통해 화면을 입체적으로 느낄 수 있습니다.

지난 수십 년 간 과학 기술의 발전은 우리의 생활을 매우 빠르게 변화시켰습니다. 특히 정보를 공유하고 축적하는 물건으로 컴퓨터가 등장했다는 사실은 매우 중요합니다. 과거에는 언어나 문자 등을 통해 집단 학습이 나타났다면, 오늘날 우리는 컴퓨터를 통해 전 세계를 하나로 연결할 수 있고, 매우 빠른 속도로 수많은 정보들을 얻을 수 있습니다. 많은 과학자들은 앞으로 수십 년 후에 다가올 가까운 미래에도 이와 같은 상황이 크게 변하지 않을 것이라고 생각합니다. 역사학자들은 지구 전체가 하나로 연결되면서 '탈중심화 현상'이 나타날 것이라고 예상합니다. 따라서 과거 사회에서는 국가가 모든 것의 근원이었다면, 이제 미래 사회에서는 '국가의 경계를 넘어 정보의 생산과 유통'이 모든 것의 근원이 될 것으로 보입니다.

많은 사람들은 과학 기술의 발전 덕분에 가까운 미래에 우리가 좀 더 편리한 생활을 할 수 있을 것이라고 기대합니다. 지금도 빈번하게 행해지고 있는 홈쇼핑이나 홈뱅킹이 전 지구적으로 확산될 것이고, 사이버 화폐 비트코인*의 등장으로 이제 더 이상 은행이나 현금출납기에서 현금을 찾을 필요도 없게 될 것입니다. 종이로 만든 책 대신 CD나 파일이 도서관의 중앙 컴퓨터와 연결되어 사람들에게 유용한 정보를 제공해 줄 것이고, 언제 어디서든지 실시간으로 이루어지는 인터넷 대화를 통해 보다 빠르게 의견을 주고받게 될 것입니다. 오늘날 우리가 살고 있는 모습의 연장선상인 셈입니다.

하지만 가까운 미래의 모습은 이같은 편리한 삶만 존재하는 것은 아닐 것입니다. 지금도 심각한 사회적 문제로 등장하고 있는 해킹*이나 사이버 테러 등과 같은 문제들은 더욱 심각해질 수도 있습니다. 컴퓨터를 활용한 범죄들이 더욱 빈번하게 발생할 수도 있겠지요. 사람들은 더 이상 인간관계를 중요하게 생각하지 않고, 모든 것을 컴퓨터에 의존하게 될지도 모릅니다. 인간의 영향력이 더욱 커지게 되면, 지구의 다른 종들은 보다 급격하게 멸종할 수 있고, 핵무기보다 더욱 파괴적인 새로운 무기들이 개발될 수도 있습니다.

결국 수십 년 이내에 다가올 가까운 미래의 모습은 오늘날 우리의 삶과 밀접한 관련성을 가지고 있습니다. 오늘날 우리가 지금 접하고 있는 다양한 문제들을 어떻게 해결하느냐에 따라 우리의 미래가 결정될 수 있는 것입니다.

그렇다면 전 지구적으로 영향을 미치는 핵무기나 글로벌 전염병, 빈곤 등의 문제를 해결하기 위해 우리에게 필요한 것은 무엇일까요? 바로 지구에 살고 있는 인류는 하나의 단일한 종이라는 사실을 이해하는 것입니다. 비록 피부, 눈동자, 머리카락 색 등이 다르고 사용하는 언어도 다르지만, 우리는 모두 호모 사피엔스의 후손입니다. 뿐만 아니라 인간은 결코 혼자 살 수 없다는 사실을 분명하게 이해해야 합니다. 인간은 수많은 다른 종들과 함께 공존해야 하는 존재입니다.

지구와 우주의 먼 미래

그렇다면 앞으로 수억 년 혹은 수십억 년이 지난 먼 미래는 과연 어떨까요? 45억 년 동안 지구에서 나타났던 수많은 변화들을 생각해 본다면, 앞으로 수억 년 이내에 지구의 환경은 오늘날과는 매우 다르게 변화할 것입니다. 과거에도 그랬던 것처럼, 지구의 기온이 변화하고, 그에 따라 대륙의 모양도 바뀔 것입니다. 지구에 살고 있는 수많은 종들이 멸종하고 또 새롭게 나타날 것입니다. 지난 수백만 년 동

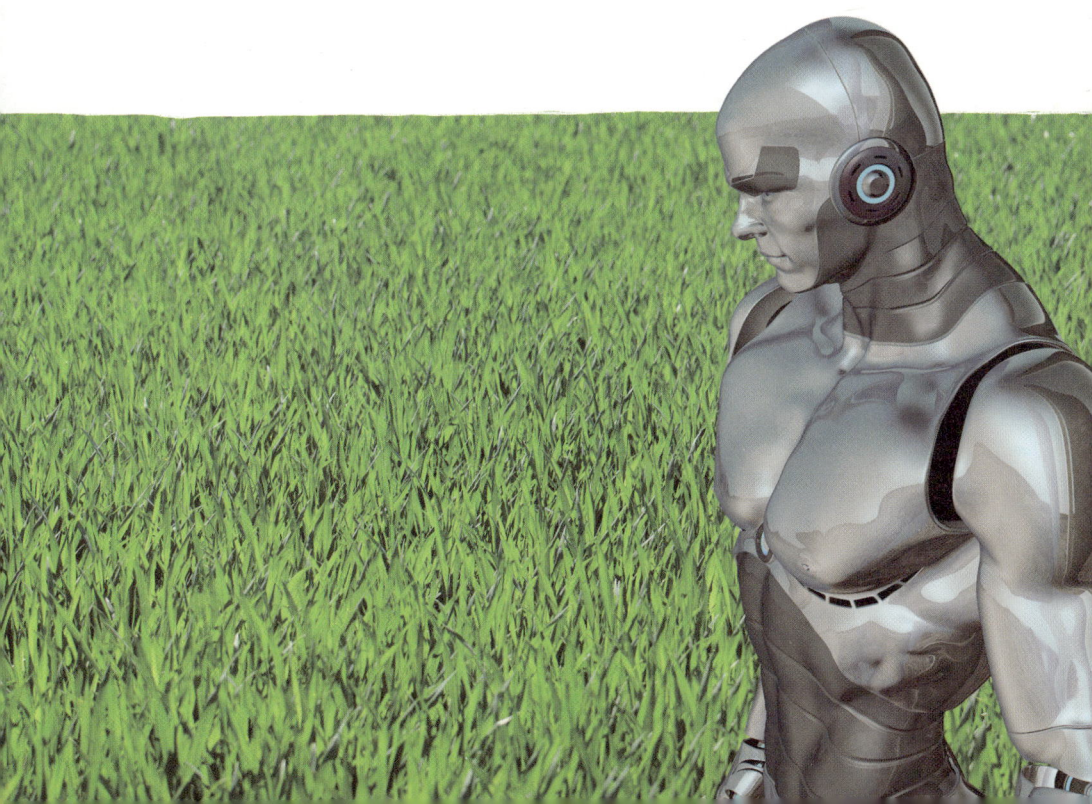

안 인간은 다른 종들에 비해 지구의 환경 변화에 잘 적응했습니다. 과학 기술이 발전함에 따라 어쩌면 수억 년 뒤에 인간은 지구가 아닌 다른 골디락스 행성에 살고 있을지도 모릅니다.

　과학자들에 따르면 앞으로 50억 년쯤 지나면 태양은 점점 작아지면서 소멸하게 됩니다. 태양으로부터 생존에 필요한 모든 에너지를 얻고 있는 지구의 모든 종들에게 태양의 소멸은 매우 충격적인 사건입니다. 지구를 떠나 생존에 더 적합한 행성을 찾아 나서는 인류의 여행이 시작되겠지요. 그렇다면 인간을 제외한 다른 종들은 어떨까요? 어쩌면 태양이 아닌 다른 것으로부터 생존에 필요한 에너지를 얻는 방식으로 적응할지도 모릅니다. 우리들이 알고 있는 생물 종과는 전혀 다른 종들이 나타날 수도 있습니다. 태양은 크기가 작기 때문에 초신성이 될 수는 없지만, 수소나 헬륨과 같은 원소들을 방출할 것입니다. 그리고 이와 같은 원소들은 다시 결합해서 새로운 인생을 시작하겠지요.

　138억 년 전에 나타났던 빅뱅 이후 우주는 계속 팽창해 왔습니다. 특히 최근에는 더욱 빠른 속도로 급팽창하고 있습니다. 여러 가지 과학적 증거들을 바탕으로 많은 과학자들은 앞으로도 우주가 계속 팽창할 것이라고 생각합니다. 그리고 더욱 단순해질 것입니다. 우리는 138억 년 전의 빅뱅 이후 다양한 요소들과 골디락스 조건들이 결합해서 새로운 복잡성이 나타나는 과정들을 살펴보았습니다. 하지만 우주가 단순해진다면, 이와 같은 복잡성은 어쩌면 발생하지 않을지도 모릅니다. 별과 원소, 물질, 행성과 은하. 이 모든 것들이 더 이상 만들어지지 않는다면 우리의 우주는 어떤 모습일까요? 태양을 비롯해 수명을 다한 별들은 더 이상 빛을 내지 않고, 새로운 인생을 시작하지도 않을 겁니다. 새롭게 탄생하는 것이 없는 우주는 이제 텅 빈 상태가 되겠지요. 마치 138억 년 전에 빅뱅이 나타나기 이전과 비슷한 상황이 발생할지도 모릅니다.

이제 우리는 138억 년의 우주라는 광대한 퍼즐 판 위에서 조각들을 맞추는 놀이를 끝냈습니다. 물론 빠진 조각들이 많지만, 빅 히스토리 퍼즐 판을 들여다보면 138억 년의 우주와 생명, 그리고 인간이라는 전체적인 형태를 어느 정도 알아볼 수 있습니다. 그리고 아직 전체적인 모습이 분명하게 보이지 않는 부분도 있습니다. 바로 미래입니다. 이 부분을 맞출 수 있는 조각들은 아직 우리에게 주어지지 않았습니다. 앞으로 우리가 세상을 어떻게 이해하고, 바라보느냐에 따라서 전혀 다른 조각들이 주어질 것입니다. 이 조각들을 하나씩 맞춰 가면서 우주와 생명, 그리고 인간의 관계를 이해하고, 이를 바탕으로 미래를 설계하는 것이 바로 빅 히스토리 속에서 여러분들이 해야 할 역할입니다. 우리의 후손들에게 어떤 미래를 물려줄 수 있느냐는 바로 여러분들에게 달려 있습니다.

알아 두면 유용한 용어

★ **3D 디스플레이**
사용자에게 입체적인 영상을 제공하는 장치.

★ **비트코인** bitcoin
구체적인 형태가 없는 온라인 가상 화폐. 2009년부터 온라인 거래에서 사용되기 시작했다.

★ **해킹**
컴퓨터 네트워크의 취약한 부분에 불법적으로 접근하거나 유해한 영향을 미치는 행위.

초등학생을 위한 빅 히스토리

© 김서형 오승만 2017

1판 1쇄 2017년 3월 30일
1판 4쇄 2019년 10월 30일

지은이 　김서형
그린이 　오승만
펴낸이 　김정순
편 집 　허영수
디자인 　이혜령
마케팅 　김보미 임정진

펴낸곳 　(주)북하우스 퍼블리셔스
출판등록 　1997년 9월 23일 제406-2003-055호
주소 　　04043 서울시 마포구 양화로 12길 16-9(서교동 북앤빌딩)
전자우편 　henamu@hotmail.com
홈페이지 　www.bookhouse.co.kr
전화번호 　02-3144-3123
팩스 　　02-3144-3121

ISBN 978-89-5605-802-3　73900

해나무는 (주)북하우스 퍼블리셔스의 과학·인문 브랜드입니다.

본문에 포함된 사진과 그림은 가능한 한 저작권자 확인 과정을 거쳤습니다. 그 외 저작권에 관한 사항은 편집부로 문의해 주시기 바랍니다.

이 도서의 국립중앙도서관 출판시도서목록(CIP)은 서지정보유통지원시스템 홈페이지(http://seoji.nl.go.kr)와 국가자료공동목록시스템(http://www.nl.go.kr/kolisnet)에서 이용하실 수 있습니다.(CIP제어번호: CIP2017005119)

― 어린이제품 안전특별법에 의한 기타표시사항 ―
제품명 도서 | **제조자명** (주)북하우스 퍼블리셔스 | **전화번호** 02-3144-3123
주소 04043 서울시 마포구 양화로 12길 16-9(서교동 북앤드빌딩) | **제조년월** 2019년 10월 30일 | **사용 연령** 12세 이상